AUTO-RENOVAÇÃO

Alto Desempenho em um Mundo Altamente Tenso

Avalie seu estresse
Investigue os "gatilhos" de seu estresse
Reaja de maneira criativa ao estresse
Reduza o estresse para melhorar sua saúde
Utilize apoio para combater o estresse
Aprenda maneiras de relaxar

Tradução
Nilza Freire

AUTO-RENOVAÇÃO

Alto Desempenho em um Mundo Altamente Tenso

Avalie seu estresse
Investigue os "gatilhos" de seu estresse
Reaja de maneira criativa ao estresse
Reduza o estresse para melhorar sua saúde
Utilize apoio para combater o estresse
Aprenda maneiras de relaxar

DENNIS T. JAFFE, PH.D.
CYNTHIA D. SCOTT, PH.D., M.P.H.

Copyright © 2003 by Crisp Publications, Inc.

Todos os direitos em língua portuguesa reservados à Qualitymark Editora Ltda.
É proibida a duplicação ou reprodução deste volume, ou parte do mesmo,
sob qualquer meio, sem autorização expressa da Editora.

Direção Editorial	Produção Editorial
SAIDUL RAHMAN MAHOMED	EQUIPE QUALITYMARK
editor@qualitymark.com.br	

Capa	Editoração Eletrônica
WILSON COTRIM	MS EDITORAÇÃO ELETRÔNICA

CIP-Brasil. Catalogação-na-fonte
Sindicato Nacional dos Editores de Livros, RJ

J22a

Jaffe, Dennis T.

Auto-Renovação: alto desempenho em um mundo altamente estressante / Dennis Jaffe, Cynthia Scott ; tradução de Nilza Freire. – Rio de Janeiro : Qualitymark, 2003.

196p. : . – Série CRISP 50 minutos

Tradução de: Self renewal

ISBN 85-7303-431-9

1. Burnout (Psicologia). 2. Administração do estresse.
I. Scott, Cynthia D. II. Título. III. Série.

03-1428

CDD 155.9042
CDU 159.944

2003
IMPRESSO NO BRASIL

Qualitymark Editora Ltda.	Fax: (0XX21) 3860-8424
Rua Teixeira Júnior, 441	www.qualitymark.com.br
São Cristóvão	E-Mail: quality@qualitymark.com.br
20921-400 – Rio de Janeiro – RJ	QualityPhone: 0800-263311
Tel.: (0XX21) 3860-8422	

Prefácio

PREFÁCIO

Este livro requer a sua participação. Cada capítulo o ajuda a compreender uma dimensão da autogestão ou auto-renovação e lhe oferece degraus firmes que você deve adotar para atingir cada um deles. Você precisa ansiar pela experiência, correr riscos e tentar coisas novas. Este processo de mudança pode surtir profundos efeitos em sua vida e no seu trabalho.

O final do livro contém perguntas de auto-avaliação que o levam a explorar fatos de sua vida. Cada avaliação o ajudará a reunir informações sobre como algumas dimensões de sua vida e suas maneiras de administrar a pressão lhe acarretam dificuldades e contribuem para a exaustão.

Comece folheando o livro, identificando as partes que pareçam mais críticas ou importantes para você. Os capítulos podem ser lidos em qualquer ordem. Uma forma de descobrir se um capítulo é particularmente relevante para você é tentar fazer os exercícios de auto-avaliação do final do livro. Caso obtenha uma pontuação que indique a necessidade de trabalhar uma área específica, leia o capítulo correspondente a este exercício.

Faça os exercícios e trabalhe com o material contido em cada capítulo em breves períodos de estudo entre meia hora e uma hora. Reserve alguns minutos diariamente para trabalhar as mudanças pessoais. Se você separar um tempo especial e pedir para não ser interrompido, estará demonstrando que leva a sério o trabalho e a si mesmo. Você se comprometerá com a mudança. Mudanças não acontecem da noite para o dia. Exigem trabalho, prática, auto-reflexão e dedicação.

Este livro é organizado em três partes:

Parte I – Gerenciando Mudanças e Gerando Poder Pessoal: explora as formas sob as quais você pode criar respostas mais eficazes a suas exigências, alterações e pressões diárias. Os capítulos desta seção exploram as pressões, exigências e mudanças na vida, bem como as estratégias internas e externas que você pode utilizar para gerenciar a si mesmo de maneira mais eficiente. Nela se encontram delineadas as técnicas para obter poder pessoal e as referidas estratégias ativas e úteis.

Parte II – Compartilhando e Conectando: diz respeito a obter ajuda e apoio das pessoas que o circundam – em casa, no trabalho e na comunidade. Diz respeito a conectar-se com os outros e criar relacionamentos positivos, úteis e independentes.

Parte III – Renovando a Si Mesmo: devolve o foco novamente para você. Usando técnicas de auto-renovação para ter consciência de seu Eu interior e sua estrutura complexa, você encontrará formas de cuidar melhor de si.

Sumário

INTRODUÇÃO	A Ameaça do Estresse 5
	O Ciclo do Estresse 8
	O Estresse e a Saúde 13
	A Autogestão e a Auto-Renovação 14
	Pico de Desempenho 15
	Reagindo ao Estresse 17
Parte 1	**Capítulo 1:**
GERENCIANDO	**Como Geramos a Pressão** 23
MUDANÇAS	Estressores: A Influência do Meio 23
E GERANDO	Explorando suas Reações aos Estressores 31
PODER PESSOAL	O Preço da Mudança 37
	O Pensamento: A Maneira Humana de Criar 39
	Capítulo 2:
	Empowerment: Respondendo Criativamente
	às Solicitações da Vida 53
	Empowerment e Controle 54
	Personalidades de Estresse 68
	Gestão do Tempo 75

Parte 2
COMPARTILHANDO E CONTATANDO

Capítulo 3:
Criando Sistema de Suporte e Interação 83
A Natureza do Apoio 84

Parte 3
RENOVANDO A SI MESMO

Capítulo 4:
Auto-Renovação: Voltando a Ter Contato Consigo Mesmo 101
Quem Sou Eu: Explorando a Pessoa Interior 103
Atravessando a Vida 115

Capítulo 5:
Harmonização: Técnicas para a Obtenção do Relaxamento e do Bem-Estar Físico 131
Bem-Estar, Doença e Tensão 132
Métodos de Relaxamento 138
Técnicas de Relaxamento Profundo 139
O Panorama mais Amplo 157

Anexo
FERRAMENTAS DE AVALIAÇÃO: COMO ESTOU ADMINISTRANDO O ESTRESSE?

1. Ambientação do Estresse 162
2. Estresse no Trabalho 164
3. Padrões Negativos de Pensamento 166
4. Dificuldades de Combate 168
5. Combate Ativo 171
6. Redes de Apoio 173
7. Significado e Propósito de Vida 176
8. Lista de Verificação do Bem-Estar Pessoal 177
9. Sintomas do Estresse 178
10. Atividades Gerenciadoras do Estresse 180

Resumo 181

Sobre os Autores 183

Introdução

INTRODUÇÃO

É provável que o trabalhador de antigamente estivesse mais preocupado com a produção direta. Ele trabalhava na fazenda, em casa, em uma loja ou fábrica. Hoje a maioria dos trabalhadores está preocupada com informações e serviços. As pessoas trabalham com fregueses ou clientes, transferindo informações, preparando relatórios e freqüentemente interagindo intensamente entre si. Este novo cenário exige um arsenal de novas técnicas. No lugar de energia física e tarefas rotineiras, hoje enfrentamos múltiplas exigências, escolhas e decisões em um mundo no qual precisamos trabalhar juntos para realizar tarefas complexas. Em vez de atividade física, as exigências primordiais são mentais e interpessoais.

Tanto no trabalho quanto na vida pessoal, muitas pessoas se sentem massacradas e lutando para manter as coisas sob controle. Elas sentem-se pressionadas pelo tempo e necessitam continuamente responder e agir, quase sempre sem visualizar claramente o resultado. A vida é feita de pressões e de incertezas às quais precisamos nos adaptar.

As pessoas respondem ao mundo moderno com corpos e mentes configuradas para funcionarem bem dentro de um mundo bem mais simples. Nossas características primárias mentais e físicas evoluíram há milhões de anos, ao passo que o mundo em que hoje habitamos foi criado por nós há menos de uma geração. Aquilo que exigimos de nós mesmos não corresponde ao que fomos preparados para agir. Em conseqüência, somos vítimas de toda sorte de doenças físicas e emocionais, e experimentamos dificuldade e esgotamento com a vida que levamos. Muitas pessoas usam o termo esgotamento para referirem-se à total destituição de energia, falta de participação e incapacidade de funcionar bem e obter satisfação. Muitas pessoas sentem-se cansadas e incapazes de fazer algo para superar esta sensação.

Deve existir um caminho melhor, dizemos a nós mesmos.

- Como podemos lidar com as pressões de nosso trabalho e de nossas vidas?
- Será possível nos preservar da doença e da ansiedade?
- Como podemos executar nosso trabalho com eficiência e corresponder ao que se espera de nós?

Sob a ótica tradicional, a pessoal era primariamente reativa, respondia reflexiva e automaticamente às pressões e exigências. A pessoa era primariamente determinada pelas circunstâncias de sua vida; para viver bem, devia meramente continuar a dar as respostas corretas ao ambiente, que igualmente era previsível e regular. Hoje, o ambiente se modificou, e precisamos reagir modificando a nós mesmos.

A nova e emergente visão da pessoa começa com a observação de que, além de reagir às pressões e exigências, temos a capacidade de modificar a nós mesmos e de reagir às exigências de maneiras criativas e novas. O ser humano, diferentemente de uma máquina ou da maior parte das outras formas de vida, pode reformular-se como resposta à pressão e à mudança. Quando há acúmulo de pressões, em vez de reagirmos a uma de cada vez, temos a capacidade de planejar, avaliar alternativas e tentar uma abordagem completamente nova e diferente.

A nova visão da pessoa enfatiza a habilidade humana, sem igual, de ser criativa, de adaptar-se reorganizando e redefinindo a situação e tornar-se autodeterminante. Em vez de ceder ou entregar-se às pressões diárias, pode-se evoluir e adaptar.

Hoje, muitas pessoas buscam alguma forma de treinamento em variados aspectos da administração de suas vidas. Para isso, freqüentam seminários ou lêem livros sobre técnicas de autocontrole, planejamento de vida, gerenciamento do tempo, pensamento positivo etc. Munidas com estas orientações, as pessoas esperam aprender formas de superar a dor interior e a ansiedade, dominar suas vidas e realizar seu potencial.

Esta grande variedade de *workshops* apresenta temas e técnicas em comum. Eles enfatizam a crescente autoconsciência, assumindo responsabilidade pelas escolhas de vida, esclarecendo as necessidades e intenções de cada situação, aumentando o risco pessoal, modificando os padrões autofrustradores de pensamento e ação, bem como reagindo ativamente às exigências.

A mensagem central deste livro é que, em nosso mundo complexo e exigente, as pessoas precisam aprender a gerir, manter e renovar a si mesmas. Estas habilidades são tão essenciais à autopreservação e ao desempenho eficiente no trabalho quanto as técnicas tradicionais de gerenciar pessoas e recursos externos. O treinamento gerencial tradicional e práticas organizacionais negligenciaram por um longo tempo as necessidades individuais, deixando de ensinar as pessoas a serem sensíveis consigo mesmas. Em conseqüência, os sinais e sintomas de esgotamento são epidêmicos.

Este livro foi criado para auxiliá-lo a reagir criativamente às pressões e solicitações de seu trabalho e sua vida. A meta é mantê-lo saudável e evitar que você sofra esgotamento em razão do estresse diário. Ele o ajudará a alcançar sua capacidade plena e a atingir seu próprio "pico de desempenho". Você pode aprender estas técnicas através de um processo de auto-exploração. A cada passo do caminho, você observará variados aspectos de sua vida e trabalho, avaliando a eficiência de seu desempenho. Então, aprenderá como reagir criativamente.

Aprender novas maneiras envolve três tipos de atividade:

Autoconscientização: Um exame detido sobre o que você está fazendo no momento e reexame destas reações. Pergunte criticamente a si mesmo por que está fazendo determinadas coisas e que efeitos estas ações acarretam.

Auto-renovação: A exploração interna dos efeitos de seu comportamento em seu corpo e sua mente, e as tentativas conscientes normais de se rejuvenescer e regenerar-se.

Autogestão: Comece a definir conscientemente suas estratégias em resposta às pressões diárias de seu trabalho e de sua vida pessoal.

A AMEAÇA DO ESTRESSE

Algumas décadas atrás, se você perguntasse a alguém o que acarreta a doença, este poderia responder: "os germes". Hoje, uma resposta mais comum poderia ser "o estresse". Culpa-se o estresse por tudo: ele é considerado um mal com o qual todos nós convivemos. A verdade é que, embora o estresse possa estar envolvido na criação de diversas formas modernas de doença e aflição, a resposta dele em nosso corpo é realmente nossa principal protetora, um mecanismo que pode ser mobilizado para nos preservar ou prejudicar. O estresse pode ser nosso protetor ou destruidor.

A palavra "estresse" foi cunhada em 1946 por Hans Selye, que passou toda a sua vida examinando as formas genéricas pelas quais o corpo se protege da dificuldade e do perigo. De acordo com Selye, o estresse é:

> *A resposta não específica do organismo a qualquer solicitação interna...Todos os agentes e mudanças aos quais somos expostos, produzem uma elevação não-específica da necessidade de executar funções adaptadoras e, assim, estabelecer a normalidade... É irrelevante que o agente ou situação enfrentada seja agradável ou desagradável; o que vale é a intensidade da solicitação de reajuste ou adaptação.*

A resposta do estresse é, então, a reação de nosso corpo a qualquer mudança, solicitação, pressão ou ameaça externa. A reação do estresse visa devolver a normalidade ao corpo que foi agitado ou perturbado e permitir que ele se proteja da situação externa.

A exigência de adaptação deriva das constantes pressões de nosso trabalho ou de nossa família, assim como as pressões internas e exigências que fazemos a nós mesmos. A reação do estresse é uma aliada cuja meta é nos manter íntegros física e emocionalmente. Nossa vida é uma batalha contínua contra as exigências, o que nos estimula a obter conquistas criativas, causando-nos excitação ou então abatendo-nos em amargura, apatia e frustração.

Todavia, são as mesmas exigências que geram a resposta ao estresse em nosso corpo para nos proteger, certo?

Geralmente, há um pequeno número de exigências que superam nossa capacidade. Por exemplo:

- Somos agredidos pelo barulho, carros, poluição e ameaça de crime ou acidente.

- O ritmo hesitante das mudanças em nosso mundo.

- Os funcionários são sobrecarregados, pressionados ou frustrados.

- Nem sempre nossas necessidades são supridas em nossos relacionamentos pessoais.

A resposta do estresse é a reação emocional e física que o corpo demonstra para cada uma destas exigências e mudanças. O corpo reage da mesma maneira quando a exigência é emocional – pressão para concluir uma tarefa, conflito em um relacionamento – ou física – um carro desviando de você, um ladrão o ameaçando. Não importa a exigência, o corpo sempre se mobiliza para a ação física.

A maioria das exigências que enfrentamos não requer ação física rápida e decisiva. No entanto, embora o corpo seja incitado para agir diversas vezes por dia, inibimos as reações naturais do corpo porque as pressões são emocionais ou físicas. Isto gera tensão muscular, dores de cabeça, dores no estômago e alguns sintomas físicos mais sérios relacionados ao estresse.

Devido a não respondermos fisicamente às exigências, e devido ao mau gerenciamento do trabalho e de outras pressões, nos mantemos em um estado contínuo de excitação psíquica. Os efeitos psíquicos negativos devem-se às respostas inadequadas, demoradas, extraviadas ou inibidas às pressões. A pressão nunca é liberada; portanto, a tensão cresce cumulativamente. Assim como um motor de carro que pára de funcionar quando não está engrenado, ou uma torradeira que é esquecida ligada, nossos corpos pifam. Para assumir controle sobre este ciclo negativo, temos que cultivar as habilidades da autoconsciência, auto-renovação e a autogestão.

OS EFEITOS DO ESTRESSE

Podemos observar à nossa volta as pessoas tentando lutar sem conseguir êxito contra o estresse, pressão e tensão. Fumar, beber, usar drogas e comer demais são todas respostas inúteis ao estresse da vida. Estas práticas formam nossa maior causa de perigo à saúde pública e, indiretamente, sob forma de acidentes e desempenho deficiente no trabalho, levam a perigos e a custos inestimáveis.

Existem efeitos em curto prazo e em longo prazo de nossa inabilidade de gerenciar o estresse com eficácia. As frustrações diárias, as lutas e dificuldades conduzem a sintomas menos graves, dores e desgaste emocional. Estas tensões causam desgaste, e tentamos uma variedade de estratégias eficazes e ineficazes para lidar com elas.

Ao longo de períodos mais longos, o estresse diário crônico nos corrói, causando problemas mais sérios. Enquanto a tensão se acumula, podemos começar inutilmente a fumar, beber, comer demais ou nos tornar dependentes de alguma outra forma de vício que contenha seus próprios efeitos negativos. Ironicamente, muitos de nossos sérios problemas de saúde e problemas sociais surgem de nossas próprias tentativas ineficazes de encontrar alívio da tensão do estresse diário. Sérias doenças podem resultar do estresse prolongado ou das maneiras autodefensivas de lidar com ele.

O desgaste emocional é debilitante e exige cada vez mais do ser humano. A incidência de depressão crônica e ansiedade está se elevando, sugerindo que estes estados emocionais são o resultado, em longo prazo, do estresse diário.

Os seguintes sintomas originam-se da inabilidade de gerenciar o estresse:

- Dificuldades maritais.
- Comportamento anti-social.
- Agressão à criança e à esposa.
- Conflitos interpessoais.

Por fim, a perda do significado, do compromisso e dos vínculos com o trabalho, família ou com as tarefas diárias, isto é, "o esgotamento", está aumentando. Para resumir, o estresse diário está lentamente sugando as pessoas, gerando muitos dos sérios problemas sociais e de saúde que nossa sociedade enfrenta.

O CICLO DO ESTRESSE

Na linguagem popular, o estresse se relaciona tanto com as atividades solicitantes quanto com o sentimento que resulta destas atividades. Deste modo, o estresse refere-se ao mesmo tempo à causa e ao efeito, sugerindo que os dois estão tão intimamente ligados que se torna difícil separar o estímulo da resposta. Isto é importante observar.

A fim de esclarecer como ocorre o processo de estresse, é necessário demonstrar toda a cadeia de acontecimentos em nosso interior que o produz. Há ações que podem ser adotadas em cada fase, visando a reduzir os efeitos negativos ou não-funcionais.

ESTRESSORES: O GATILHO

Todas as pressões externas, exigências, ameaças, mudanças, conflitos, desafios e dificuldades que enfrentamos podem detonar a resposta estressante de nosso corpo. Qualquer coisa que aconteça em nosso mundo que exija de nós alguma mudança, ajuste ou resposta é chamada de *estressor*. Para nos proteger, nosso corpo responde a quase tudo, diante do menor sinal de que algo está errado ou que nossas reservas de energia podem ser necessárias.

Entre os estressores conhecidos, incluem-se:

- Qualquer mudança na vida ou acontecimento importante.
- Ameaças contra nós ou contra nossa auto-estima.
- A perda de alguém ou algo que estimamos ou de que dependemos.

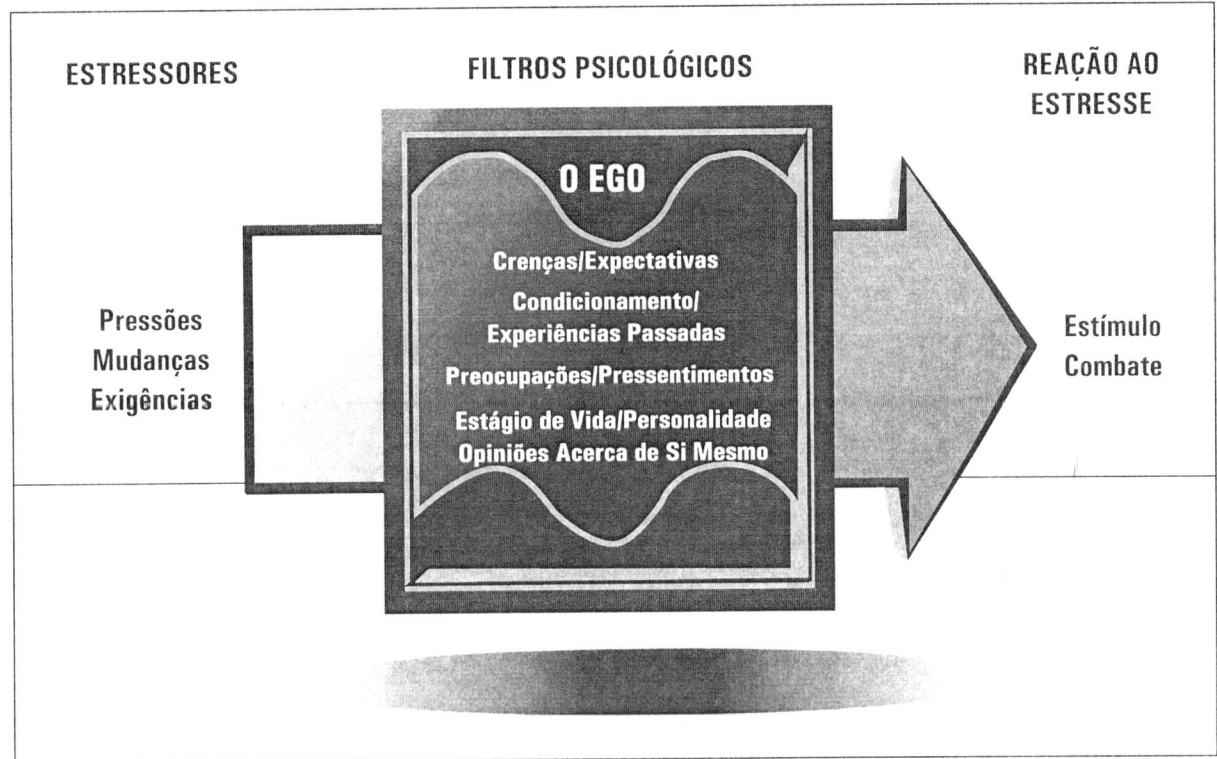

Figura 1.1: ENGATILHANDO A REAÇÃO AO ESTRESSE.

- Exigências e expectativas conflitantes ou ambíguas.
- Pressões de prazos, trabalho demais e prioridades confusas.
- Frustrações ou ameaças a nossas necessidades pessoais.

Cada indivíduo considera alguns estressores mais difíceis ou exigentes do que outros; isso tem a ver com nosso estilo pessoal e antecedentes. Todos podem fazer uma relação dando notas aos estressores mais comuns em sua vida pessoal. No entanto, quando experimentamos diversas pressões simultâneas, ou alguma pressão for especialmente severa, nosso nível de estresse se eleva e nos arriscamos a adquirir doenças ou a entrar em crise pessoal.

Avaliando a ameaça

Até certo ponto, o estresse é fabricado no interior de nossas mentes. Para experimentar o estresse, a mente deve considerar a situação ameaçadora ou difícil. Por exemplo, se fosse dada a mesma tarefa para duas pessoas, uma poderia achar que seu emprego está em jogo ou ter sérias dúvidas acerca de sua capacidade; a outra, com a mesma capacidade e posição dentro da empresa, poderia sentir-se confortável consigo mesma e com a situação de seu emprego. A primeira pessoa perceberia a tarefa como mais estressante.

As pessoas geram estresse em si mesmas quando estão preocupadas, antevêem ou criam exigências irreais acerca de si mesmos. Quando imaginamos uma situação estressante, nosso corpo age como se o fato estivesse realmente acontecendo, o que detona a reação ao estresse. Podemos reduzir o estresse simplesmente reduzindo a quantidade de pensamentos negativos.

A aprendizagem na infância gera diversos fatores que determinam quanto estresse estamos passando:

- Sentimentos em relação a nós mesmos.
- Sentimentos em relação à nossa capacidade.
- Expectativas em relação a nós mesmos.
- Conflitos ou dificuldades com outras pessoas.
- Expectativas em relação a outras pessoas.

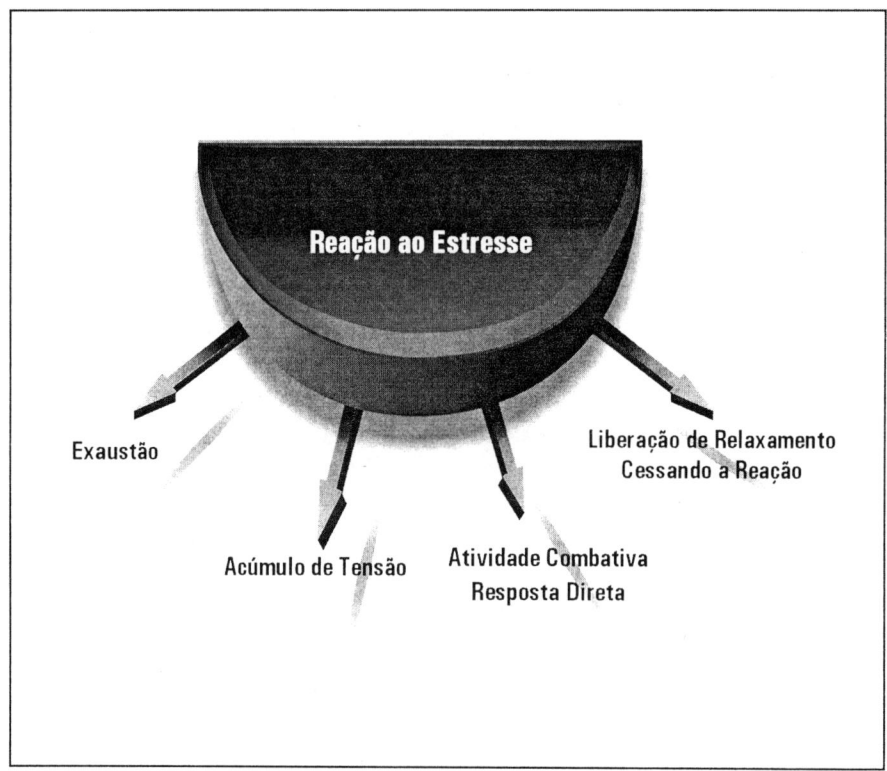

Figura 1.2: RESULTADOS DA REAÇÃO AO ESTRESSE.

Cada pessoa aprende uma maneira de responder aos desafios e de pensar no mundo, que afeta enormemente seu sentimento de segurança ou ameaça em relação a este mundo. Uma pessoa que se sente segura e confiante irá enfrentar menos estresse do que outra que tem medo e possui muitas dúvidas acerca de si mesma.

A REAÇÃO AO ESTRESSE

Independentemente do estressor e da avaliação que fazemos dele, quando percebemos algo que seja até mesmo ligeiramente estressante, nosso corpo inteiro parte para a ação imediata. A musculatura se enrijece, a mente envia sinais para que seja liberada adrenalina na corrente sanguínea, os vasos sanguíneos se contraem, o estômago se comprime e secreta ácido, a respiração torna-se rápida e curta, e sentimos emoções intensas como a ira, o medo, a raiva e a ansiedade. Esta reação integrada à ameaça, que evoluiu há bilhões de anos a fim de nos permitir usar a tremenda energia necessária para sobreviver em um mundo de predadores, pode ser um problema e tanto como um protetor.

Muitas situações desencadeiam um estresse desnecessário. Nem sempre precisamos da estimulação física e da mobilização de energia produzida por esta poderosa reação. Portanto, por muitas razões, precisamos aprender, primeiramente, a nos adestrar para evitar a ativação da reação ao estresse, ou então, uma vez ativada, aprender a desarmá-la. Se não, iremos literalmente nos desgastar por completo. As sensações de exaustão, devastação, tensão muscular e de depressão são sinais freqüentes de que nos enervamos repetidamente através da reação ao estresse sem que tenha ocorrido sua liberação.

Cessando a reação

Embora existam diversas formas de acionar a reação ao estresse, existem relativamente poucos meios de cessá-la. Podemos fazer cessar a reação física adotando ações diretas e físicas contra a ameaça. Nos primórdios da evolução humana, isso importava em lutar ou fugir; daí o termo *reação lutar/fugir* ser geralmente usado para designar o primeiro estágio da reação ao estresse.

Na maioria das situações atuais, podemos cessar a reação ao estresse respondendo ativamente a uma situação ou através do exercício físico de expulsar o estresse do corpo. Algumas formas de relaxamento podem ser utilizadas para ativar uma reação oposta no corpo – a reação relaxante. Certas técnicas como a meditação, relaxamento progressivo, imaginação orientada, *biofeedback* e auto-hipnose podem ativar este estado psicofisiológico oposto.

TENSÃO: O CAMINHO PARA A DOENÇA E O DESGASTE

Aquilo a que normalmente nos referimos como sendo o estresse é designado mais propriamente como *tensão*. A tensão é o acúmulo em nosso corpo do estresse que não foi liberado. Sentimos tensões tais como músculos enrijecidos, dores e sofrimentos, enjôo, ansiedade ou depressão, sentimento de devastação ou falta de forças, desgaste emocional, desânimo e conflito nos relacionamentos. Estes sintomas se agravam quando reagimos repetidamente ao estresse sem administrá-lo efetivamente.

A tensão é o resíduo que sobra quando:

- Sentimos que não podemos fazer nada para combater o estresse ao qual estamos submetidos.
- Deixamos de agir para resolver o problema.
- Não temos noção de sua existência.

Ao longo do tempo, a tensão sinaliza que nosso corpo está exaurido. O resultado final é a doença, sob forma de colapso físico ou emocional.

Combatendo: autogestão do estresse

As pessoas aprendem formas funcionais e não-funcionais de administrar a tensão. A gestão funcional da tensão inclui exercício, relaxamento, compartilhamento com os outros, hobbies e diversões. Entre os métodos não-funcionais incluem-se a negação, a comida, a bebida, o fumo, o uso de drogas e o afastamento.

Cada pessoa desenvolve um estilo de combate – padrões genéricos de reação a situações estressantes. Esses padrões incluem pensamentos, expectativas, emoções e comportamentos em resposta aos estressores e à tensão. Alguns padrões comuns de combate ao estresse parecem conduzir com mais freqüência à enfermidade e à dificuldade do que outros. Arraigados na personalidade, estes estilos de combate são um grupo de hábitos que podem ser reformulados e modificados. Logo, nossos níveis de estresse estão, em grande parte, sob nosso controle.

Observando o ciclo completo do estresse, uma pessoa possui diversos caminhos para reduzir seu nível de estresse, ou lidar mais eficientemente com ele:

- Reduzindo as pressões ou exigências do ambiente.
- Modificando os padrões mentais negativos, autodestrutivos e autofrustradores ou outros padrões que criem ou aumentem as ameaças ou perigos.
- Enfrentar ativa e eficazmente as exigências e situações que desencadeiam a reação ao estresse.
- Criar relacionamentos no trabalho que sejam fortalecedores e profundos.
- Praticar técnicas eficientes de gestão da tensão para evitar os efeitos negativos do acúmulo de tensão debilitante.

O ESTRESSE E A SAÚDE

Todas as nossas atitudes, sensações e experiências influenciam em nossa saúde. Por exemplo, os pesquisadores descobriram que as pessoas têm mais predisposição a doenças diante de algumas das seguintes condições:

- Passar por muitas mudanças – boas ou ruins – em sua vida.
- Perder um cônjuge ou alguém a quem se ama.
- Não se sentirem vinculadas a outras pessoas.
- Apegar-se a sentimentos de raiva e ressentimento.
- Esforçar-se demais sem reservar tempo para descansar.
- Sentirem-se desamparadas e descontroladas.

Estas coisas acontecem com todos nós em algum momento. Então o que uma pessoa pode fazer para permanecer bem?

Ajuda bastante estar ciente da vinculação entre o estresse e a doença. Você precisa cuidar de si mesmo quando percebe que está submetido a um estresse que pode levar à doença. Há provas de que a doença e os sintomas físicos surgem quando ignoramos os avisos sutis e suaves de nosso corpo.

O segredo para administrar ou conter o colapso de nosso corpo não está somente na medicina ou seguro de saúde, ele reside em evitar o dano o máximo de tempo possível. Todos nós precisamos praticar cuidados preventivos com a saúde, pois uma vez que um órgão se deteriore, o mesmo ocorrerá em seguida com o restante do corpo. Além disto, como hoje vivemos mais, a medicina preventiva pode fazer a diferença entre uma vida inútil e dolorosa e outra vibrante e produtiva. Mais além, está surgindo um consenso entre os

A AUTOGESTÃO E A AUTO-RENOVAÇÃO

líderes em saúde de que a medicina preventiva que dê ênfase aos cuidados com a própria pessoa é o maior recurso médico do futuro. Ao longo do tempo, a qualidade de vida torna-se um importante fator – já não basta a mera sobrevivência.

O presidente de uma empresa de manufatura administra muitos recursos, organiza a pontuação das pessoas em tarefas complexas e exerce controle sobre um vasto sistema que recebe materiais, os transforma em produtos que se estendem à comunidade através das vendas e marketing. Com todo esse poder, ele se sente desamparado, frustrado e descontrolado quando é acometido por enxaqueca crônica, pressão alta e perturbações estomacais periódicas.

Ele busca a ajuda de um médico, que lhe prescreve diversos tipos de remédios para relaxar a tensão em sua cabeça, para liberar a pressão de seu sistema circulatório e reduzir a secreção de hormônios em seu estômago.

A solução médica para seus problemas físicos tem algumas conseqüências. Os medicamentos surtem efeito prolongado em seu organismo e geram outras dificuldades; após o uso contínuo, alguns remédios perdem a eficácia. E o mais importante, a origem de seus sintomas permanece um mistério. Por que razão sua cabeça dói e seu estômago se contrai quando há problemas na fábrica? Se ele procura apenas uma solução médica, deixará intocadas condições subliminares em sua vida que podem estar gerando os sintomas.

O empresário deseja saber se seus sintomas são *causados* pelo estresse. Ele aprendeu a dividir o mundo da saúde em dois setores: as doenças físicas *reais* e as doenças psicossomáticas devidas aos variados tipos de estresse emocional. Realmente não existe linha divisória. Não importa a enfermidade, todas as dificuldades são afetadas e geralmente desencadeadas pelo estresse.

Por exemplo, a doença cardíaca deve-se a diversos fatores; todos sobrecarregam o sistema circulatório. Entre estes fatores, incluem-se a hereditariedade, a alimentação e, certas vezes, a falta do exercício adequado e a presença de estresse crônico. Se um desastre financeiro desencadeia um ataque cardíaco, será o estresse a sua *causa*? Sim e não, ele foi uma das diversas causas. Uma mudança em qualquer dos fatores poderia tornar o corpo muito mais apto a resistir ao estresse de um desastre.

Para a enfermidade deste empresário, o tratamento médico é apenas parte do cuidado médico. Como é possível este homem, tão capaz de administrar o mundo externo assim como coordenar pessoas e produtos, ser incapaz de controlar sua própria saúde?

No passado, havia boas razões para não estendermos nossos domínios ao mundo interior. Porém, os problemas médicos que todos enfrentamos não podem ser superados sem erguer o véu que nos separa da conscientização e gestão de nosso ambiente físico e dos processos psicológicos de nosso organismo.

Qualquer pessoa que possa gerenciar outras pessoas possui todas as habilidades e qualificações para a autogestão. Uma pessoa que decide que sua saúde e bem-estar são importantes demais para serem deixados unicamente nas mãos de um médico, descobrirá novas possibilidades:

- Ela pode olhar para dentro de si e escutar seu corpo, ficando mais sensível a suas necessidades.

- Ela pode aprender que seu corpo pode suportar um estilo de vida intenso e difícil.

- Ela pode explorar formas de administrar os processos físicos internos, como reduzir sua pressão sanguínea.

- Ela pode regular suas atividades para atingir uma organização mais eficiente e melhorar sua própria saúde. Em resumo, ela pode reconhecer seus sintomas de estresse e reagir criativamente.

PICO DE DESEMPENHO

O estresse não está apenas associado ao desgaste, mas também à excitação, a conquistas e à organização eficiente. Em um estudo das atitudes dos principais líderes corporativos em relação ao estresse, Herbert Benson descobriu que muitos deles consideravam que criar estresse e pressão dentro de suas empresas era um importante fator gerador de eficiência. Eles sentiam que prosperavam no desafio do estresse, instilando a pressão e o desafio entre seus funcionários.

Assim como diversas opiniões leigas, a associação do estresse com a otimização do desempenho está parcialmente correta e parcialmente incorreta. É bem verdade, por exemplo, que o estresse positivo é algo que muitas pessoas almejam – excitação, risco, suspense, desafio, competição e superação de adversidades. Todos estes estresses positivos dão à nossa vida sabor e significado, e nos compelem a conquistas importantes, criativas e satisfatórias. O desejo pelo estresse é uma qualidade que auxiliou consideravelmente a adaptação e as realizações do ser humano.

Todavia, cada pessoa parece possuir uma linha em que o desafio se transforma em um fardo e a excitação, em medo. Hans Selye nos fala sobre as diferenças individuais em relação ao estresse. Algumas pessoas, ele observa, são tartarugas: necessitam de um ambiente firme e previsível onde possam brilhar. Outros, incluindo-se a maioria dos líderes corporativos, são cavalos de corrida: necessitam de um elevado nível de estímulo, desafio e mudanças para darem o melhor de si. O erro é pensar que um clima serve para todos.

Os picos de desempenho ocorrem para cada pessoa a um certo nível de estresse ou pressão. Se há pouco estresse, as coisas ficam tediosas e existe déficit de trabalho. Se há estresse demais, o esgotamento ou excesso de trabalho reduz o desempenho. A determinação do nível máximo de estresse de cada um e a criação de um ambiente que o sustente é um importante aspecto da gestão eficaz do estresse.

Como podemos observar na Curva de Desempenho (Figura 1-3), existe um nível máximo de estresse para cada pessoa, ponto em que ela alcança seu máximo desempenho.

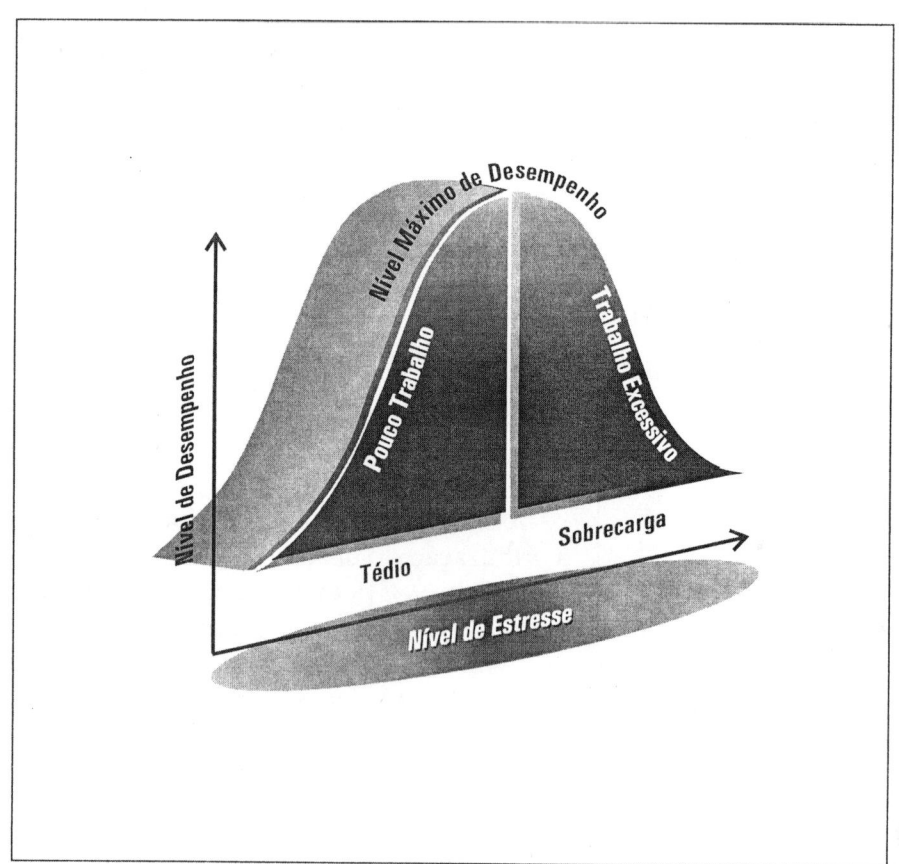

Figura 1.3: CURVA DE DESEMPENHO.

A eficiência diminui quando o estresse ou pressão estão grandes demais ou pequenos demais. As coisas podem ficar tediosas demais, assim como podem tornar-se estimulantes demais. O desafio para todos e para a organização como um todo, é descobrir seu nível máximo.

Lembre-se de algumas vezes em que você estava trabalhando em seu potencial máximo, quando estava envolvido, desafiante e animado. Reúna o maior número de detalhes. Agora, responda às seguintes questões:

EXERCÍCIO 1

- Quais são as qualidades de seu ambiente?
- Que tipos de pressão ou prazos o impulsionam para agir?
- Que tarefas o animam?
- Quais delas o entediam?
- Você trabalha melhor sozinho ou em grupo?
- De que tipo de auxílio ou orientação você precisa?

REAGINDO AO ESTRESSE

A Figura 1-4 (veja na página 18) ilustra dois grandes estilos de resposta que uma pessoa pode dar às pressões diárias da vida.

- **Caminho defensivo:** Esta pessoa permanece sem consciência e irreflexiva em relação aos efeitos do estresse e suas formas de reagir a ele. Este caminho caracteriza-se pela negação e rejeição dos efeitos do comportamento alheio e dos efeitos do estresse em si mesmo. Os impulsos característicos ao estresse são reativos, consistindo principalmente de reflexos, métodos de abordagem que são primariamente aprendidos nas primeiras fases da vida. Com o tempo, estas respostas ineficazes conduzem à doença, ao desgaste, e à crise emocional e física.

- **Caminho criativo:** Esta pessoa utiliza a autoconsciência, as técnicas de auto-renovação e as técnicas de autogestão. Esta pessoa move-se em direção ao pico de desempenho e permanece equilibrada em sua vida. Reagindo criativamente, a pessoa combina os cuidados consigo mesma e as técnicas adequadas para concluir as tarefas.

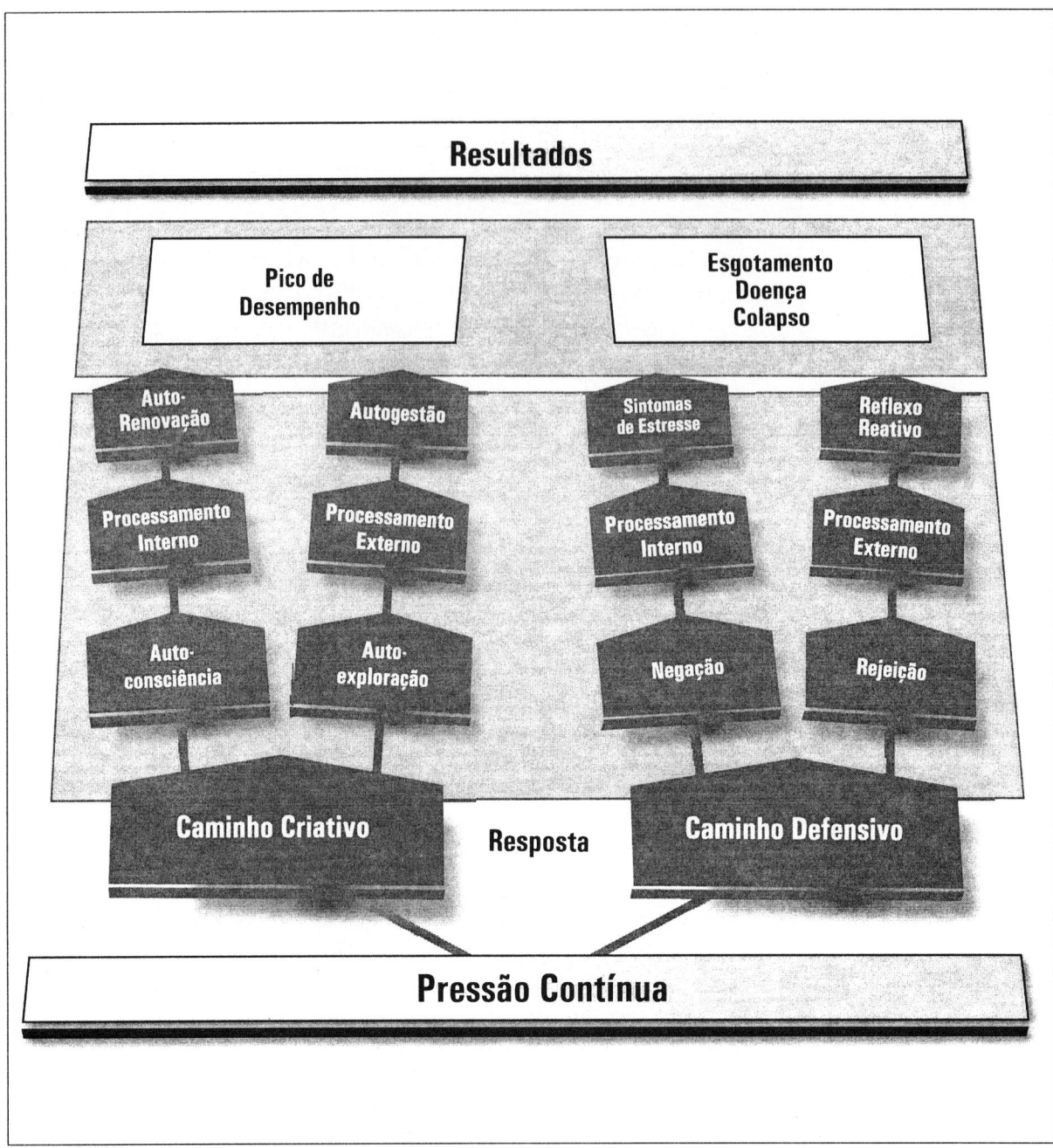

Figura 1.4: REAÇÕES CRIATIVA E DEFENSIVA AO ESTRESSE E SEUS RESULTADOS.

DIRETRIZES PARA A MUDANÇA

Certos princípios gerais aplicam-se a todos os esforços de mudança pessoal. Estas diretrizes, representativas das experiências das pessoas que modificaram muitos aspectos de suas vidas, devem ser aplicadas da seguinte forma:

- *Introduza mudanças em pequenos passos.* Caso você tente mudar tudo de uma só vez, você se sentirá desamparado e oprimido. Reflita sobre aquilo que deseja mudar e escolha um pequeno, porém importante passo.

- *Mude uma coisa de cada vez.* Mudar exige um exame cuidadoso de suas metas. Depois, use as boas sensações e sucesso obtido em uma área para ajudá-lo a escalar as mais difíceis alturas. Comece com os tipos de mudança que você tem maior chance de introduzir ou que você espera que lhe sejam mais agradáveis.

- *Mantenha metas claras, concretas e específicas.* Dizer a si mesmo que deseja lidar melhor com o estresse é algo vago e confuso. Dê a si mesmo uma visão clara e concreta daquilo que deseja obter. Relacione os itens específicos que deseja mudar.

- *Tenha consciência de como você está quando começar.* Nossas idéias gerais de como reagimos ao estresse podem ser bastante diferentes da realidade. Antes de iniciar as mudanças, você precisa ter consciência dos padrões vigentes. Faça isso mantendo um registro do tipo de comportamento que você pretende mudar. Seus padrões de comportamento podem não ser tão ruins quanto você imagina, ou você pode até mesmo possuir um problema mais grave do que julga ter. De qualquer forma, é importante saber.

- *Ofereça prêmios.* Se você oferecer prêmios a si mesmo a cada vez que atingir uma meta, terá mais chance de sentir-se bem consigo mesmo e de perseverar. Ser bom para si mesmo é exatamente o objetivo da auto-renovação.

- *Encontre uma pessoa que lhe dê apoio.* É difícil para um único membro de uma família mudar qualquer hábito caso os demais não o encorajarem e apoiarem. O programa de mudança mais eficaz é aquele em que você possui um colega cuja função é a de encorajar, corrigir e compartilhar atividades com você. Caso seu colega esteja tentando introduzir mudanças semelhantes em sua vida, a parceria será melhor ainda.

- ***Conte com o fracasso e recaídas.*** Todos conhecemos o fracasso. Mas o fracasso é uma questão de posicionamento. A mudança é sempre uma questão de altos e baixos, não se trata de um curso linear. Você pode ajudar a si mesmo esperando encontrar dificuldades e recaídas. Você pode ajudar a si mesmo planejando dias de folga nos finais de semana ou retomar as rédeas quando estiver se desviando de seu plano. Um ligeiro lapso não deve desviá-lo de sua meta global, e você descobrirá que a flexibilidade não o levará a perder seus objetivos de vista ou enfraquecer sua capacidade de atingi-los.

- ***Use a imaginação positiva e o diálogo interior.*** Você é capaz de encorajar ou desencorajar a si mesmo através da forma com que você fala e pensa. Em um programa de pico de desempenho positivo precisamos dar a nós mesmos uma constante alimentação de sugestões positivas e encorajamento, bem como imaginar continuamente como nos sentiremos, pareceremos e agiremos quando estivermos saudáveis. Use a imaginação positiva para programar suas atitudes mentais, que, por sua vez, estão ligadas ao comportamento habitual.

Parte 1

GERENCIANDO MUDANÇAS E GERANDO PODER PESSOAL

Capítulo 1

COMO GERAMOS A PRESSÃO

ESTRESSORES: A INFLUÊNCIA DO MEIO

Pare alguns instantes para recordar algumas situações recentes que você considerou exigentes ou difíceis. O que as tornou estressantes?

Tudo aquilo que nos parece estressante envolve uma mudança ou acontecimento que exige uma reação correspondente. Quando um colega de trabalho falta, o fato será estressante caso você seja obrigado a ajustar sua carga de trabalho para compensar esta ausência. Quando alguém parece duvidar de sua competência ou capacidade, a exigência causadora de estresse para você é contrariar esta opinião a seu respeito.

Nossas vidas são compostas de milhares de exigências, pressões e mudanças que nos forçam a nos adaptar e mudar muitas vezes por dia. O ritmo de mudança em nossas vidas e as múltiplas fontes de pressão sobre nossas cabeças tornam a vida moderna mais estressante do que nunca.

Adicione-se a isto o fato de que nossos sentidos freqüentemente são agredidos. O barulho, o tráfego, a má qualidade do ar e as multidões podem sobrecarregar nosso sistema nervoso. Quanto mais motivos de estresse, menos chance temos de enfrentá-lo.

Pagamos um preço por viver em uma sociedade livre e permissiva. A pressão de fazer a escolha certa entre tantas opções que nos são oferecidas e a incerteza dos empregos e relacionamentos, significa que muitos de nós não podem relaxar pensando que estão seguros. O conflito também faz parte de nossas vidas. Tanto em casa quanto no trabalho a pressão de ferozes demandas, necessidades e expectativas de outras pessoas nos esgotam. Ficamos com a constante impressão de que conseguir algo para nós só é possível à custa do sacrifício de outra pessoa ou através de conflito.

Quando olhamos mais detidamente para as pressões e exigências sobre nós, vemos que o cenário está incompleto. A pressão não é apenas algo que nos é imposto. Ao contrário disto, ela é fruto de nossa interação com nosso meio.

Receber uma solicitação não importa necessariamente em uma exigência ou pressão, nem precisa ser fator de estresse para nós. Podemos ignorar a solicitação, ou então podemos recebê-la como reconhecimento de nosso valor. Se encararmos a solicitação de uma dessas duas maneiras, sentiremos apenas uma ligeira pressão. Mas suponha que encaramos a solicitação como um teste para nossa capacidade e sentimos que o emprego, uma nota do curso ou uma amizade está em jogo. Aí a pressão vai aumentar. Para muitos, a pressão origina-se na forma com que encaramos as solicitações que recebemos.

Por esta razão, é difícil listar fatos e situações de acordo com seu nível de geração de estresse. A pressão é conseqüência das exigências e mudanças, nossa percepção delas e de nossa reação diante das mesmas. A quantificação de nosso estresse e da pressão que existe em nossas vidas é altamente subjetiva.

Os exercícios e listagens contidas neste capítulo o ajudarão a diagnosticar seu **nível pessoal de estresse**. Você observará as variadas pressões, mudanças e fatos estressantes que ocorrem em sua vida e pesquisará quais deles lhe geram pressão maior.

Se a fadiga é o resultado da má administração de sua vida, a forma com que você permite ficar estressado, desgastado e aborrecido é um importante ponto de partida para superá-la. Os estressores residem na interação entre você e o mundo.

FONTES DE ESTRESSE

Muitos de nós encaramos as pressões e exigências como uma grande massa aglomerada, sem contorno nem forma. Cada acontecimento a mais parece aderir à massa preexistente. Embora as coisas possam dar a *impressão* de serem assim, esta visão nos acarreta um sentimento de opressão e desamparo. O que podemos fazer, perguntamos a nós mesmos, já que a massa é grande demais para ser movida?

De fato, nossos estressores – pressões, exigências e mudanças – contêm uma estrutura e padrão. Certos tipos de pressão são predominantes, sendo que podemos tomar providências para lidar com cada uma de maneira apropriada e eficaz. A primeira providência é reconhecer nossos tipos particulares de pressão.

Podemos dividir os estressores de nossas vidas em duas grandes categorias:

Estressores crônicos e incessantes: desentendimentos diários e acontecimentos irritantes, frustrantes, deprimentes e desagradáveis que ocorrem constantemente em nossas vidas. Podem acontecer no trabalho, em casa, na comunidade e nos relacionamentos. Entre eles se incluem fatos previsíveis como os engarrafamentos e as pressões constantes como as cobranças excessivas pelo desempenho funcional.

Estressores episódicos: As crises, mudanças, incidentes não-previstos e transições previstas que nos transpõem de uma situação de vida para outra e requerem ajustes e colaboração.

A distinção entre os estressores contínuos e os episódicos é importante. Primeiramente, é importante saber se as pressões que você enfrenta se devem a crises específicas com prazo definido, que podem ser superadas, ou são partes integrantes de sua vida. O processo de abordagem dos estressores crônicos e contínuos é diverso daquele usado para abordar crises discretas. Um estressor contínuo geralmente não pode ser superado; ele deve ser conhecido e administrado de forma independente. Caso você não possa interromper as exigências do emprego ou de sua rotina diária, precisa encontrar maneiras para lidar com as reações às exigências e aos engarrafamentos para preservar seu bem-estar.

Estamos sempre submetidos a muitos estressores crônicos e constantes e, a maior parte do tempo, a alguns incidentes episódicos e mudanças também. Às vezes não são as mudanças em si, mas o efeito cumulativo de uma depois da outra que nos deixa com a sensação de frustração e vazio.

Os quatro boxes no Exercício 2 representam as duas categorias de estressores – nosso trabalho e nossa vida pessoal – dois grandes pontos em que o estresse ataca.

- Pense nas variadas fontes e tipos de estressores que você está vivenciando hoje.

- Anote-os nos espaços apropriados e sublinhe aqueles que são mais opressores, severos ou difíceis de lidar.

Um panorama nítido das principais fontes de estresse em sua vida começará a surgir, sejam elas crônicas ou resultantes de mudanças ou crises periódicas que você poderá superar e ajustar-se.

AMBIENTAÇÃO DO ESTRESSE

Muitos de nós podemos identificar o trabalho ou a família como principal fonte de seus problemas. Um desafortunado pequeno grupo considera que seu estresse reside em ambos os setores.

EXERCÍCIO 2: FONTES PESSOAIS DE ESTRESSE

	TRABALHO/CARREIRA	FAMÍLIA/PESSOAL
EPISÓDICAS	1. _____ 2. _____ 3. _____ 4. _____ 5. _____ 6. _____ 7. _____ 8. _____	1. _____ 2. _____ 3. _____ 4. _____ 5. _____ 6. _____ 7. _____ 8. _____
CRÔNICAS	1. _____ 2. _____ 3. _____ 4. _____ 5. _____ 6. _____ 7. _____ 8. _____	1. _____ 2. _____ 3. _____ 4. _____ 5. _____ 6. _____ 7. _____ 8. _____

Realmente não é possível comparar o nível atual de estresse que pessoas diferentes experimentam. O estresse de todo mundo parece ser grande. O importante não é a quantidade de seu estresse, mas sim seus efeitos sobre seu corpo e sua vida.

Como Exercício 3, faça a Avaliação 1 do Anexo. Em cada afirmativa, avalie quanta pressão é acrescentada em sua vida. Quanto tiver terminado a tabela, terá alguma noção dos padrões de seu estresse. Estes padrões são os pontos em que você deve centralizar sua atenção quando começar a pensar em introduzir mudanças.

Estresse no trabalho

Nossa percepção do estresse no trabalho é geralmente dificultada pelas concepções ultrapassadas e mecanicistas de trabalho e organizações. A percepção errônea é que a organização seja um estrutura firmemente definida, quase sólida, consistindo em empregos que sejam especificados em compartimentos funcionais, todos conectados em setores, grupos de trabalho e divisões. Espera-se que as pessoas se encaixem em cargos definidos e adequem seu comportamento ao que se espera delas. A organização é inflexível e dificulta, quase impossibilitando, a mudança. Espera-se que nos sintamos ressentidos e excluídos em uma situação tão autolimitadora e restritiva.

Novas visões de cargos e organizações têm emergido para conferir percepções mais realísticas da pessoa e da organização. Segundo essas novas visões, a organização é vista como uma rede de alianças fluidas que se amolda para acomodar novas energias e pessoas. As pessoas e as organizações são conjuntos orgânicos. A organização e os cargos não são tão solidamente fixados ou claramente definidos. Eles representam uma rede humana, organizada em torno das metas centrais, normas culturais, valores e trilhas em direção a estes objetivos. O ser humano possui mais poder, significado e influência sobre a organização.

Todos sentimos estresse no trabalho. Nós o sentimos em nosso corpo, nosso sentimento, em nossos níveis energéticos e em nossas reações ao trabalho. Já estamos acostumados a estas reações. Mas precisamos recuar um pouco para compreender mais claramente como o estresse eclode a partir de nossa interação com nosso meio de trabalho.

Como Exercício 4, retorne à Avaliação 2 no Anexo. Para cada estressor vinculado ao trabalho, indique com que freqüência você se sente assim ou teve aquela impressão ou experiência.

Com relação ao estresse no trabalho

Não somos robôs que se submetem a trabalhar em cubículos que oprimem, alienam, podendo, eventualmente, sermos descartados e substituídos por outro funcionário. Muito ao contrário, a forma de encarar o estresse no trabalho é resultado de nossa interação pessoal com o emprego e com a empresa. O trabalho é o local onde negociamos, fazemos solicitações e cumprimos tarefas para outras pessoas. O estresse no trabalho resulta de muitas situações e procedimentos imperceptíveis e específicos. Alguns se encontram sob nosso controle e, uma vez percebidos, podem ser modificados mediante negociação e interação; já outros são menos controláveis.

O primeiro passo lidando com o estresse diário é identificar seus estressores. Os estressores nos forçam a nos ajustar ou reagir a eles. Não importa se a exigência surge de nós mesmos – como, por exemplo, uma pressão interna para ter êxito em algo – ou se origina do meio – como, por exemplo, disputar uma promoção com um colega – nosso corpo desencadeia uma reação estressora psicofisiológica para cada uma dessas situações. Por esta razão, os estressores nos ordenam que exercitemos uma gestão externa e interna bastante eficiente. Chamamos o fenômeno de autogestão de nossa resposta à situação e auto-renovação em resposta às necessidades que nosso corpo apresenta de receber cuidados.

Como todo ser humano, enfrentamos desafios a nosso bem-estar físico, bem como desafios a nosso bem-estar emocional e auto-estima. As pressões e as exigências tornam-se estressantes porque precisamos reagir ao mesmo tempo em que mantemos nosso bem estar e auto-estima contra ameaças reais e potenciais.

Embora qualquer mudança externa possa ser percebida como uma fonte geradora de estresse, a maior parte de nossos estresses subdivide-se em diversas categorias:

- *Perda:* A perda (ameaça de perda) de alguém ou algo a que somos apegados é dolorosa. Precisamos ultrapassar um período de lamentação, tristeza ou depressão enquanto fazemos ajustes em nossas vidas.

- *Ameaças:* A reação estressante que é desencadeada em nosso corpo é a mesma, caso a ameaça tenha sido feita contra nossa auto-estima ou contra nossa pessoa.

- *Frustração:* Sentimos frustração quando qualquer pessoa ou coisa parece estar impedindo-nos de atingir nossas necessidades básicas ou de conseguir o que desejamos. Sentimos estresse máximo quando algo está bloqueando nosso caminho e nada podemos fazer para modificar a situação.

- *Incerteza:* Uma ameaça, perda, perigo ou frustração em potencial pode ser especialmente estressante. Nossa imaginação nos auxilia a sermos criativos e também nos permite preocupar-nos e prever todo tipo de desastre. Para nosso organismo, o perigo imaginário e real surtem o mesmo efeito: a reação ao estresse é desencadeada.

OS ABORRECIMENTOS DA VIDA

Grande parte dos estressores não é momentânea nem crítica; em vez disso, é composta de incidentes irritantes, frustrantes, desgastantes, inesperados ou difíceis – são os aborrecimentos do dia-a-dia.

O psicólogo Richard Lazarus estudou os efeitos desses aborrecimentos diários e descobriu que eles exercem influência direta sobre a saúde e o bem-estar. Sua pesquisa também revelou que os "motivadores" – experiências agradáveis, felizes e satisfatórias – são capazes de contrabalançar as batalhas da vida, e podem talvez servir como isolantes ou amortecedores dos efeitos negativos das batalhas.

Nesse estudo, Lazarus descobriu alguns pontos comuns nos diários que as pessoas por ele observadas mantinham dos aborrecimentos e motivadores. A seguir, encontram-se as listas que ele formulou contendo os aborrecimentos e motivadores mais citados entre os homens e mulheres de meia-idade ao longo de um ano de estudo.

ABORRECIMENTOS	MOTIVADORES
1. Preocupação com o peso.	1. Bom relacionamento com cônjuge ou namorado.
2. Saúde da família.	2. Bom relacionamento com os amigos.
3. A escalada dos preços.	3. Conclusão de uma tarefa.
4. Manutenção da casa.	4. Sentir-se saudável.

ABORRECIMENTOS	MOTIVADORES
5. Muitas coisas a fazer.	5. Dormir bem.
6. Perda de objetos.	6. Comer fora.
7. Jardinagem.	7. Honrar responsabilidades.
8. Propriedade, investimentos, impostos.	8. Visitar, telefonar ou escrever para alguém.
9. Crime.	9. Passar tempo com a família.
10. Aparência física.	10. Ambiente familiar agradável.

Se você pensa na pressão a que está submetido, provavelmente sentirá que seus aborrecimentos diários têm mais peso que as mudanças episódicas em sua vida.

Os aborrecimentos, preocupações, frustrações e obstáculos contribuem significantemente para aumentar nosso nível de estresse global. Outros surgem da forma com que encaramos os fatos e onde concentramos nossa atenção. Como veremos mais adiante, estes últimos são os aspectos de nosso nível de estresse que somos capazes de modificar.

EXERCÍCIO 5

Pense nos aborrecimentos mais comuns que enfrentou em sua vida no último mês – coisas que o frustraram, pressionaram e irritaram no trabalho e em casa. Podem estar aí incluídos os itens em que pensou, como também em situações reais – *qualquer coisa* que o aborreceu.

- Elabore uma lista dos aborrecimentos mais comuns em sua vida.

- Organize os aborrecimentos, começando pelos mais graves e perturbadores até os menos frustrantes.

- Veja novamente cada um dos aborrecimentos em sua vida. Anote algumas coisas que você gostaria de fazer para reagir mais efetivamente ou melhor abordar a situação.

Pense nos motivadores que você enfrentou ao longo do último mês – os pensamentos e situações agradáveis, revitalizantes e amenas.

- Faça uma lista dos motivadores de que se recorda.

- Organize esta lista mencionando os motivadores mais agradáveis em primeiro lugar.

- Pense em como você poderia organizar sua vida para que tivesse mais motivadores, o que pode se transformar em um antídoto para algumas das frustrações e aborrecimentos estressantes.

EXPLORANDO SUAS REAÇÕES AOS ESTRESSORES

A coisa mais importante a ser aprendida sobre os estressores em nossas vidas é a forma com que reagimos a elas, não importando se são discussões cotidianas ou grandes mudanças de vida. Suas reações estão inteiramente sob seu controle e você é capaz de as tornar mais ou menos eficazes. Nesta seção, você observará situações estressantes a partir do vantajoso ponto de vista de suas reações a elas.

Você precisa conhecer os estágios de sua reação. Primeiro, vem o período imediatamente anterior à situação estressante, que normalmente é negligenciado.

- A situação poderia ter sido prevista?

- Se eu a tivesse previsto, poderia ter planejado uma resposta eficaz?

- Como costumo me relacionar com as situações quando surgem?

- Como meu corpo reage, o que digo a mim mesmo, o que sinto e, por fim, o que faço?

As reações não são imutáveis. A começar pela infância, aprendemos e desenvolvemos determinados estilos habituais de reação às variadas situações. Estes hábitos geralmente se tornam disfuncionais, especialmente na fase em que somos confrontados com as realidades e responsabilidades da vida adulta. Precisamos modificar algumas maneiras habituais básicas de lidar com as situações estressantes quando descobrimos que estes hábitos tendem a nos escravizar em vez de nos apoiar.

Cada vez que você enfrentar uma situação estressante, pare um instante para olhar a si mesmo e examinar suas reações.

Pergunte-se:

- Qual foi o gatilho?
- O que pensei e senti?
- Como reagi?
- Como as outras pessoas à minha volta reagiram à minha resposta?
- Minha interação foi eficaz?
- Que efeitos o incidente negativo causou em mim?

Fazer estas perguntas lhe mostrará uma nova maneira de ser sensível consigo mesmo, o que o auxiliará a ver a diversidade de estágios e possibilidades que podem estar contidos em uma única situação.

Uma das principais metas do autor é ajudar a alterar sua percepção de que o estresse seja algo que lhe acontece – ou seja, você é a vítima – passando a crer que sua reação ao estresse é inalterável e envolve sua própria reação ao mundo a seu redor. Para que você consiga isto, precisará manter uma agenda das situações estressantes durante, no mínimo, duas semanas.

Nesta seção você formará uma Agenda Pessoal do Estresse para ajudá-lo a ver as situações rotineiras que lhe causam estresse bem como sua reação a elas. Com esta agenda você poderá descobrir seus hábitos reativos.

Comece a fazer o Exercício nº 6, sua Agenda Pessoal do Estresse, anotando e explorando cada fato. Certos padrões em suas percepções e respostas começarão a emergir. Eles são úteis para você planejar maneiras de alterar sua reação.

EXERCÍCIO 6: AGENDA PESSOAL DO ESTRESSE

Carregue a agenda consigo o dia todo. Após qualquer incidente que o deixe aborrecido, desgastado, com raiva, pressionado, descontrolado, ansioso ou frustrado, preencha uma linha na agenda. Depois de alguns dias, você terá um registro contínuo dos incidentes estressantes em sua vida e suas reações a eles.

Cada coluna indica os seguintes dados de cada incidente:

- A data, o dia da semana e a hora.

- Algumas palavras acerca da natureza do acontecimento para que você possa lembrar-se quando repassar a agenda mais tarde.

- Sua estimativa do grau de estresse que o incidente causou, em uma escala de 1 a 10, em que 1 significa grau mínimo de estresse e 10, um aborrecimento grave.

- Algumas palavras acerca do que você fez, sua própria reação e atividade diante da situação – antes, durante e imediatamente após.

- Seus pensamentos e sentimentos, aquilo que disse a si mesmo e sentiu durante a após o acontecimento.

- O que o incidente lhe fez sentir, física e emocionalmente, enfim, o que lhe custou.

Seu perfil ao reagir ao estresse

Releia suas anotações e registros. Reveja o Exercício 6. Resuma seu estilo de reagir ao estresse de acordo com estas diretrizes.

Freqüência: Quantas vezes por dia você sente o desgaste?

Gravidade: Qual é o nível de seu estresse acumulado? O quão desgastantes são os piores incidentes?

Previsibilidade: Você espera que os incidentes surjam ou eles são inesperados? São eles fatos isolados ou constantes? Caso sejam inesperados, você é capaz de aprender a reconhecer situações potencialmente estressantes antes que elas aconteçam?

Sensação de controle: Quantas situações que o angustiam podem ser controladas ou modificadas por você, e quantas não podem? Veja as situações mais estressantes e pense em como você poderia gerar maior controle sobre elas. Como você planejaria combater os problemas que não é capaz de controlar?

Aliar-se ou evitar: Você tende a responder às situações de maneira ativa ou evitando a situação?

Tipos de situações problemáticas: Que espécies de situações problemáticas lhe causam desgaste? Onde você tende a encontrá-las?

Reações aos problemas: Que coisas você faz quando ocorrem situações estressantes que acabam por lhe gerar dificuldades?

Mudanças desejadas: O que você mais gostaria de modificar no tocante a suas reações às situações estressantes?

Pense nestas perguntas e anote suas reflexões. Isso lhe ajudará a tornar-se familiar com suas respostas costumeiras e comece a refletir sobre formas de modificá-las.

O nível de pressão que você sente é a estimativa do quanto uma situação estressante lhe afeta. Quanto mais alta for sua pontuação, mais importante será que você tome uma providência acerca da situação. Para muitas pressões menores, colocá-las lado a lado pode ser a melhor estratégia. As principais pressões geralmente não podem ser evitadas e devem ser resolvidas diretamente.

Muitas pressões e situações inesperadas podem ser previstas. Como em qualquer situação, boa ou ruim, quanto mais prevemos e nos planejamos para ela, mais facilmente poderemos enfrentá-la ou aproveitá-la. As situações inesperadas exigem mais de nós porque nossos corpos e expectativas não estão preparados.

Alguns estressores são inevitáveis, como os níveis de ruído na rua, enquanto outros podem ser evitados ou modificados. Quando nos encontramos em uma situação que não podemos mudar ou influenciar, tudo que temos a fazer é cuidar de nosso corpo e tentar nos devolver aos níveis básicos de repouso. Muitos de nós perdemos tempo demais tentando mudar as coisas que não podem ser mudadas, em vez de fazer algo acerca das situações que realmente podem ser modificadas.

Quando algo pode ser feito em uma situação, precisamos adotar ação direta. Deixar de agir é o principal fator de geração de problemas com a gestão do estresse. Desta forma, em muitas das situações que inicialmente definimos como difíceis ou impossíveis de se administrar, realmente podemos exercer considerável influência. Precisamos olhar atentamente nossas percepções de poder pessoal e nossa capacidade de controlar, gerir e influenciar os acontecimentos ao nosso redor.

AGENDA PESSOAL DO ESTRESSE

Dia/hora	Acontecimento	Nível de Aborrecimento (Nível de 1 a 10)	O que você fez	O que pensou/sentiu	Sua resposta física

EXPLORANDO SEU DESEMPENHO SOB PRESSÃO

Quando nossos níveis de estresse ficam altos demais durante um tempo prolongado, sentimos o que Hans Selye nomeou de estágio de exaustão da resposta do estresse. A exaustão requer um tempo de afastamento para a recuperação, sendo que muitos nunca recuperaram completamente os níveis iniciais de energia. Faz sentido, conseqüentemente, reservar intervalos para descanso quando sabemos que estamos submetidos a uma carga pesada de trabalho.

Também devemos monitorar a resposta fisiológica de nosso corpo durante uma situação indutora de estresse. Desta forma, podemos tentar regular nosso nível de estresse antes que ele se torne um problema. Uma forma de elevar a autoconsciência é responder a uma série de perguntas.

Pergunte a si mesmo:

- Quanto estresse a situação vai gerar?
- Quanto estresse estou passando neste momento?
- O que está acontecendo com minha respiração neste momento? Como meu comportamento está sendo afetado agora?

Qualquer que seja sua combinação de sensações, você ficará impressionado com a imensa diferença entre sua respiração neste momento e de quando você está relaxado.

Em uma situação altamente estressante, a próxima pergunta a fazer é:

- O que posso fazer agora para responder à situação?
- O que posso fazer agora para modificar a reação do organismo?
- O que posso fazer para aceitar a situação? Como posso modificar minha atitude em relação a ela? Será que posso redefinir a situação de alguma forma para que ela assuma um significado diferente para mim?

Infelizmente, a maioria das situações não é facilmente modificável, mesmo dentro de nossa esfera de influência. Ademais, mudar nossa reação à situação é quase sempre a única opção de que dispomos.

- Já que não posso mudar a situação, o que posso lucrar por estar excitado ou tenso? Segundo uma visão realista, qual é o nível apropriado de estresse para esta situação?

Caso você exceda o *nível apropriado*, desperdiçará energia valiosa e está tornando-se suscetível à fadiga, ao transtorno emocional, à exaustão física ou à doença.

Será esta a melhor forma de cuidar de mim mesmo neste momento?

Quais são as conseqüências de me permitir sentir tanto estresse?

Após você ter decidido que é preciso agir, concentre-se em seus padrões de respiração. Primeiramente, apenas os observe. Não faça qualquer esforço para alterá-los. Esta simples alteração de consciência surte um efeito quase imediato.

Agora, comece a controlar conscientemente sua respiração. Deixe seu abdômen relaxar. Imagine como seu diafragma está comprimindo suas vísceras; quando seus músculos abdominais se relaxam, sua barriga infla ligeiramente.

Comece a respirar lentamente segundo um padrão conscientemente moderado. Não há necessidade de parar de se concentrar na situação que está se confrontando; simplesmente acrescente outra camada de conscientização de seu papel neste acontecimento enquanto observa seu corpo.

O PREÇO DA MUDANÇA

Os estressores que têm sido mais amplamente estudados são as crises da vida e as mudanças. Os pesquisadores Thomas Holmes e Richard Rahe ficaram impressionados como a presença de diversas mudanças de vida é constantemente seguida por doenças que podem ser graves ou não. As pessoas que passaram por muitas mudanças, negativas *ou* positivas, ao longo do ano apresentam um enorme risco de contrair doenças. Por exemplo, os universitários jogadores de futebol que mais enfrentaram mudanças no ano anterior ao campeonato apresentaram uma taxa de contusões desproporcionalmente mais elevada.

Como Exercício 7, preencha a Avaliação nº 3 do Anexo. Ela o ajudará a avaliar o efeito das recentes mudanças em sua vida.

O ano passado foi estável e coerente para você ou passou por mudanças mais ou menos relevantes? Se houver passado por muitas mudanças, você não é o único.

O que você faria se sua vida estivesse repleta de mudanças? A mudança não se transforma automaticamente em doença. Em vez disso, muitas mudanças minam sua resistência e, por esta razão, você precisa tomar cuidado especial com seu corpo. Prevenir futuras doenças e tentar se proteger é a pedra fundamental dos cuidados consigo mesmo.

A MUDANÇA E A ADAPTAÇÃO

Muitas pessoas que passam por diversas mudanças em suas vidas ou apresentam uma pontuação elevada na escala de adaptação começam a temer por sua saúde. Elas chegam à conclusão errônea de que a mudança em si mesma é uma ameaça à sua saúde, assim como o cigarro. De fato, enquanto lutamos para nos adaptar, as mudanças e as exigências diárias geram pressão, tanto em nossos corpos como em nossas mentes. Todavia, pesquisas sobre o combate ao estresse afirmam que o que importa não é a quantidade de pressões e mudanças a que somos submetidos, mas sim o modo como as encaramos, nos relacionamos com elas e lidamos com seus efeitos.

A finalidade de medir o grau de pressão externa – os estressores – em nossas vidas é dar início ao processo de gerar em nós a percepção dos efeitos que as exigências nos causam. A meta é a conscientização. Para muitos de nós, a mudança e a pressão também são fontes de desafio, inovação, estímulo e envolvimento criativo.

Uma vida sem mudanças e exigências não nos permitiria usar nossa criatividade, nossa fonte natural de energia. Uma vida assim seria maçante e desestimulante. No entanto, aumentar nossa consciência acerca dos estressores nos permite refletir sobre a êxito de nossa luta. Por exemplo, quando percebemos que a mudança gera pressão, podemos prever futuras mudanças e administrar a situação eficazmente. Ou então podemos começar a pensar em formas de lidar com a frustração crônica diária, aborrecimentos e cobranças.

A experiência da perda

Um tipo de mudança é especialmente estressante e difícil: a experiência da perda. Logicamente, a perda de um ente querido é uma experiência devastadora e dolorosa. Mas também existem outras espécies de perda. Existe a perda de um emprego, de uma possível promoção, a perda de um amigo ou colega que se muda, ou a perda de algo valioso, possivelmente devido a roubo.

Qualquer perda deixa uma lacuna em nossa vida. Um espaço e tempo agradavelmente preenchido está agora vazio. É compreensível que se tenha sentimentos de dor e tristeza, podendo durar um ano ou mais, no caso da perda de um ente querido. Após a perda, precisamos enfrentar um período de luto no qual tentamos nos desprender da pessoa (ou coisa) perdida. Este é um processo de memória e de adeus. Curiosamente há um nítido processo de luto associado à perda de um emprego ou oportunidade, que é geralmente complicado pela raiva, vergonha de si mesmo, sentimentos de inadequação e culpa. Saiba que estes sentimentos são naturais e necessários ao superarmos uma perda.

O PENSAMENTO: A MANEIRA HUMANA DE CRIAR

Nossas mentes podem aumentar ou reduzir a quantidade de pressão que um acontecimento nos causa. Desenvolvemos na infância determinadas expectativas e crenças acerca de outras pessoas, nosso valor próprio, habilidades e natureza das coisas. Tudo isto afeta o que entendemos como estressante, difícil ou administrável.

Suponha que dois funcionários sejam submetidos a uma tarefa que esteja além de suas capacidades ou treinamento. Um deles poderia mencionar este fato e pedir ajuda. Ele poderia não encarar a tarefa como especialmente devastadora, portanto o incidente não desencadearia uma reação psicofísica estressante. A outra pessoa poderia presumir que se espera que ela saiba agir e que, caso não cumpra a tarefa, seu emprego estaria ameaçado. Ela também poderia achar que pedir ajuda é um sinal de fracasso. Este conjunto de expectativas poderia transformar a tarefa em um desencadeador de uma intensa resposta estressante. A pressão destas presunções possivelmente indesejadas aumenta a dificuldade. O estresse reside mais nas expectativas e na importância que a pessoa confere à tarefa do que na dificuldade da mesma propriamente dita.

Este é o caso da maioria dos incidentes e situações que as pessoas consideram estressantes.

Todas as nossas experiências de estresse dependem de nossa percepção das situações, bem como de nossas expectativas e crenças. A lista a seguir é composta de situações que não são necessariamente estressantes.

- Podemos precisar enfrentar um colega de trabalho com o qual tivemos problemas no passado.

- Uma nova tarefa pode frustrar nossas expectativas de um dia pacífico.

Capítulo 1: Como Geramos a Pressão

- Podemos achar que uma olhada ou comentário seja uma censura à nossa função ou posição. Em ambos os casos, é nossa mente que está gerando estresse, não a situação.

O modo com que avaliamos a situação, sua importância e a consciência de nossa capacidade de enfrentá-la determina nossa reação. Podemos:

- Evitar ou desistir de uma tarefa que julgamos estar além da nossa capacidade.

- Gerar estresse em nós mesmos devido à nossa autocrítica e contrariedade por não termos concluído a tarefa.

- Iniciar uma discussão com alguém porque entendemos que a situação ou comentário foi malicioso ou ameaçador.

- Ver todas as situações como um convite à competição, ou pensar que todos nos decepcionam.

A gestão do estresse envolve a exploração de maneiras de falar consigo mesmo, do que pensamos, da forma como definimos as situações e de nossa própria avaliação das experiências. O ambiente gera demandas, desafios, mudanças e pressões. Já que o estresse é um produto de nossa interação com o mundo, podemos alterar a quantidade de estresse a que somos submetidos, modificando nossa percepção e reação aos acontecimentos.

Nosso pensamento também pode conduzir à exaustão quando cria profecias auto-realizáveis. Por exemplo, uma pessoa que não espera que outras pessoas a ajudem pode agir de modo distante ou, até mesmo, convencer a si mesma que não vale a pena tentar. Ela jamais saberá que a ajuda está disponível, porque presume que não esteja. Fazemos muitas presunções acerca dos outros e de nós mesmos através de expectativas adquiridas a partir de nossa história pessoal, família, professores e trabalho. Geralmente, ficamos tão presos a certos tipos de expectativa que as transformamos em realidade. Modificar opiniões e expectativas negativas acerca de nós mesmos, de nossa capacidade e de situações mundiais é essencial para o desenvolvimento de um senso de poder pessoal.

Então vemos que antes que uma situação desencadeie a resposta do estresse fisiológico em um organismo, ela deve ser filtrada através de nossas formas habituais de refletir acerca do mundo. Nossa mente é capaz de decidir que uma discussão diária pequena exija a mobilização total da reação ao estresse. Ou ela é capaz de decidir lidar com uma tarefa difícil sem esforço, e, conseqüentemente, sem ativar a reação ao estresse.

Podemos considerar nossas crenças, idéias e sentimentos em relação às coisas como um mecanismo, de filtragem ou de avaliação, que se situa entre o ambiente e a ativação da resposta psicofisiológica ao estresse e/ou uma resposta combativa para enfrentar o desafio.

O psicólogo Albert Ellis chamou este ciclo de comportamento de ciclo A-B-C. O acontecimento A, que pode ter ou não relação conosco, situa-se em nosso ambiente. Ocorre a nossa resposta, C, a este acontecimento. B, por sua vez, situa-se entre os dois e é o que dizemos a nós mesmos, como vemos e definimos a situação, e determina nossa reação.

Podemos definir tudo como problema nosso e nos arrasar tentando fazer tudo. Ou então podemos considerar que nada que façamos será bom o bastante, minando a impressão de nossa resposta o suficiente para nos deixar sentindo fracos e impotentes, mesmo que possamos lidar eficazmente com a situação.

A	B	C
FATOS ESTRESSORES	FILTROS DE PERCEPÇÃO	REAÇÃO COMBATIVA
Pressões	Experiências passadas	Resposta estressante psicofisiológica
Cobranças	Expectativas	Esgotamento
Mudanças	Avaliações	Resposta combativa
Desafios	Crenças	

Nossa percepção dos fatos ou nossa avaliação das situações é a principal determinante de nosso grau de esgotamento ou equilíbrio. Nesta seção, exploramos os principais tipos de autofrustração e até mesmo de autodestruição, através de padrões que nos levam à beira de um colapso e nos impede de perseverar. Certos tipos de pensamento nos colocam em um incessante mundo de estresse opressor e até mesmo paralisante.

Como Exercício 8, complete a Avaliação nº 4 do Anexo. Usando esta ferramenta, você explorará idéias negativas e críticas acerca de si mesmo e das situações. Nenhuma das afirmativas da tabela contêm a resposta certa ou errada. Em vez disso, elas esclarecem a maneira como você se sente acerca de si mesmo e as coisas que espera do mundo. A partir desta escala, você terá uma idéia do quanto suas conversações interiores são positivas ou negativas.

DIÁLOGOS INTERNOS

Durante a maior parte do dia, apesar de talvez ficarmos silenciosos, travamos um constante diálogo interno. Dentro de nossas mentes, escutamos conversas sobre o que estamos fazendo. Por vezes, falamos intimamente sobre algo prestes a acontecer que podemos antecipar.

"Vou estragar tudo."

"Essas coisas sempre acabam mal."

"Todos os colegas do trabalho querem me expor."

"Meu emprego está em jogo com esse projeto."

"Simplesmente não sei como fazer isso."

Outra pessoa poderia ter outro tipo de diálogo íntimo:

"Sou capaz de controlar tudo."

"As coisas geralmente acontecem para o nosso bem."

"Os colegas gostam de mim e me respeitam."

As formas negativas e positivas de falar consigo mesmo exercem uma influência crítica sobre uma autocapacidade de responder. O corpo não desencadeia a reação ao estresse somente quando algo ameaçador está acontecendo, mas também quando apenas *pensamos* em algo ameaçador. Então a pessoa que está falando negativamente de si mesma, nervosa e pensando em todas as coisas ruins que podem acontecer, está desencadeando fisicamente a reação ao estresse em seu organismo – até mesmo antes de se confrontar com o próprio acontecimento. Se o evento realmente ocorrer – como por exemplo, um projeto difícil – pensar repetidas vezes sobre como você se saiu mal também gera repetidas reações ao estresse até que o corpo se esgote. Os resultados são: dores de cabeça, mal-estar gástrico, diarréia e outros sintomas do estresse, nem tanto devido ao *fato* ameaçador, mas à maneira com que pensamos sucessivas vezes.

Existem muitas maneiras de travarmos diálogos negativos e autofrustrantes dentro de nós mesmos.

Entre algumas das formas mais comuns de diálogos internos negativos encontram-se:

As escolhas: Quando optamos por não fazer algo, ou seguir outra direção, criamos estresse se dizemos a nós mesmos o que deveríamos estar fazendo. Fazemos exigências a nós mesmos, baseados em padrões que são absurdamente altos ou impossíveis de serem cumpridos.

As críticas: As pessoas dizem a si mesmas que não se saíram bem ou fizeram algo errado. Elas são bem mais severas consigo mesmas do que os outros.

Culpa: As pessoas geram estresse culpando a si mesmas por situações que estão além de seu controle ou são perfeitamente razoáveis.

Expectativas negativas: As pessoas geram estresse quando imaginam que coisas ruins podem acontecer, levando seus corpos a reagirem como se estivessem acontecendo. Tais preocupações também podem gerar reações negativas nas situações reais.

Presunções equivocadas: Se a pessoa vincula um fato a uma conclusão errada, o fato ou resposta pode assumir uma importância incompatível. Portanto, pensar que as pessoas não gostam de você eleva o seu estresse e também afeta seu comportamento.

Incapacidades: Quando temermos um desafio ou duvidamos de nós mesmos, não prestamos atenção em nossas motivações. Ao contrário, dizemos que não somos capazes de fazer algo. Isso gera estresse porque posiciona o defeito em nós mesmos, em vez de explorar as possíveis boas razões para termos dúvidas, medos ou simplesmente recear fazer alguma coisa.

Erros de pensamento

De acordo com os psicólogos cognitivos, as dificuldades comuns como a depressão, ansiedade e estresse surgem das conclusões ilógicas que as pessoas extraem dos acontecimentos que as afetam. Estes erros de pensamento podem ser corrigidos através de detida observação e prática.

O psiquiatra David Burns adaptou o método pioneiro de terapia cognitiva de Beck e Ellis. Ele relaciona as distorções mais comuns de pensamento.

Pensamento tudo-ou-nada: Ver as coisas de forma maniqueísta. Qualquer desempenho imperfeito é um total fracasso.

Generalização radical: Ver um evento negativo como um padrão eterno de derrota.

Filtro mental: Selecionar um único detalhe negativo e fixar-se somente nele, tornando sua visão distorcida.

Desqualificação do positivo: rejeitar experiências positivas insistindo que elas "não contam".

Precipitação de conclusões: Formular interpretações negativas sem comprovação suficiente. Isso pode envolver a má interpretação das opiniões alheias ou previsão de resultados negativos para si mesmo.

Exagero ou minimização: Exagerar a importância dos erros, problemas, ou omitir indevidamente a importância de seus próprios atributos.

Motivação emocional: Pensar que suas emoções negativas refletem necessariamente na forma que as coisas são.

Afirmações de "deveres": Tentar se motivar a melhorar através daquilo que se "deve" ou "não se deve" fazer.

Rotulação: Uma maneira extremada de generalização; em vez de dizer "Cometi um erro", a pessoa inclui um rótulo negativo, como por exemplo, "Sou um perdedor".

Personalização: Culpar-se indevidamente como causador do fato negativo.

Pense nas coisas que você diz a respeito de um fato logo depois que algo difícil ou estressante acontece. Pense nas conclusões que você extrai do mundo e acerca de si próprio. Reflita no quanto é realista e útil para você chegar a estas conclusões. Muitas das distorções acima são meros métodos de culpar a si próprio e tornar a pessoa incapaz de agir de outra forma. Tornando-se ciente de que as dificuldades podem dever-se a seus pensamentos e conclusões, você se permitirá modificar tais pensamentos na próxima vez que alguma coisa difícil acontecer em sua vida.

Explorando sua definição de situação estressante

Utilize a informação acima para preencher o Exercício 9. Pense nas coisas que disse a si mesmo antes, durante e após os acontecimentos relacionados em sua Agenda de Estresse Pessoal.

- Qual era seu estado de espírito?
- Você estava com raiva de si mesmo?
- Você esperava o pior?

Algumas pessoas passam a vida doentes ou esperando ficar doentes. Outros possuem um conjunto de suposições acerca das pessoas: eles nunca se aproximam, não gostam de mim. Elas visualizam suas interações com os colegas como se fossem a confirmação do que elas mais temiam.

Em qualquer situação estressante, fazemos muitas suposições acerca do que está acontecendo, o que as outras pessoas queriam dizer, o que desejam e sentem, o que precisa ser feito e o que isto significa para nós. Estes não são aspectos da própria situação, mas sim parte de nossa leitura dela. Essas suposições alteram nossa percepção e determinam o valor que atribuímos às coisas. Veja alguns dos fatos relacionados em sua agenda. Perceba o que você supôs e disse a si mesmo em cada estágio da situação. Você é capaz de perceber como suas suposições e pensamentos contribuíram para tornar o fato ainda mais estressante?

Mesmo após o término de um fato estressante, ele prossegue para nós sob forma dos pensamentos e avaliações que extraímos daquilo que ocorreu. Se sentimos que fomos privados de nossa auto-estima ou "fomos desmoralizados", por exemplo, podemos nos sentir humilhados. Contudo, a outra pessoa pode não fazer a mesma avaliação, e pode persistir uma notável desvantagem ou conflito íntimo em nós. Quando estiver examinando cada fato estressante anotado em sua agenda, você começará a notar a quantidade de estresse que causa a si mesmo através de seus pensamentos, suposições e avaliações.

EXERCÍCIO 9: REAÇÕES MENTAIS ÀS SITUAÇÕES ESTRESSANTES

Relacione as quatro situações estressantes mais persistentes que ocorrem em sua vida:

1. _____
2. _____
3. _____
4. _____

Para cada uma delas, liste as coisas que supôs, disse a si mesmo e previu:

1. _____
2. _____
3. _____
4. _____

Em cada situação estressante, anote algumas das coisas que espera de si ou critica em relação a si mesmo ou à situação, ou as coisas negativas que pensa de si próprio:

1. _____
2. _____
3. _____
4. _____

Para cada situação estressante, anote algumas coisas novas que você poderia supor acerca de si mesmo e da situação, as coisas que são mais positivas. O que você poderia dizer a si mesmo da próxima vez?

1. _____
2. _____
3. _____
4. _____

A CRÍTICA INTERNA

Nossa cultura respeita e premia a conquista e a excelência individual, especialmente os homens. Desde a infância, somos comparados com outros e ansiamos ter melhores resultados. Os professores, pais e colegas geralmente depositam grandes esperanças em nós. Muitos de nós crescemos sentindo-nos pressionados, com a sensação de que não conquistamos o devido sucesso ou ainda tentando atingir metas irreais.

Existem diversas conseqüências involuntárias e negativas nos impulsos de realizar e vencer. Podemos possuir metas tão elevadas que nada parece ser um êxito. Podemos não nos permitir o divertimento ou descanso em qualquer nível ou provar qualquer conquista, porque estamos preocupados demais exigindo o máximo de nós. Outra conseqüência é um sentimento secreto de inutilidade, de ter fracassado. Podemos sentir que falhamos quando não somos os melhores, se não correspondemos ao que nossos pais desejavam ou suas reais conquistas. Mais além, outra conseqüência negativa é a crescente sensação de que o valor que as pessoas nos atribuem não é dado pelo que somos, mas sim pelo que fazemos. Muitas pessoas sentem-se desligadas daquilo que têm realizado, ou distantes de suas conquistas.

Com freqüência, a pessoa cresce com uma voz interna extremamente crítica ou duvidando de suas habilidades. A crítica interna é a voz de nossos pais e professores, por vezes nos falando mais severamente do que qualquer pessoa falaria conosco. A crítica interna anula qualquer sensação de sucesso e nos mantém sob pressão implacável e incessante.

EXERCÍCIO 10

Pense no modo com que você se refere a si mesmo. Você possui uma crítica interna severa que espera o impossível e não o deixa relaxar?

Anote algumas das maneiras sob as quais você critica a si mesmo continua e inutilmente.

_____
_____
_____
_____
_____
_____
_____

- Agora, veja a lista dos modos de sua crítica o desanimar. Tente avaliar cada crítica objetivamente. Veja o que você fez e com que destreza você realiza tarefas. Determine se sua crítica é útil, se apresenta sugestões para os pontos em que você precisa se aperfeiçoar, ou simplesmente aumenta sua pressão, reduzindo sua capacidade de relaxar e sentir-se bem com sua vida.

Ter consciência da extensão da crítica interna em sua vida é uma importante parte da mudança. Quando você perceber como critica a si mesmo, verá que sua crítica não é realmente você; é a voz de outras pessoas. Talvez você possa começar a contabilizar o pensamento negativo de sua crítica. Ou você pode começar a substituí-la por avaliações de afirmações positivas, incentivadoras e confirmadoras de seu trabalho.

PENSAMENTO POSITIVO

Podemos aumentar o grau de controle que temos sobre nossas vidas quando aprendemos a mudar algumas das maneiras com que falamos de nós mesmos e pensamos a respeito das coisas. Diversos livros conhecidos sobre psicologia, motivação e auto-ajuda sugerem que muitas das dificuldades existentes em nossas vidas se originam da falta de auto-afirmação.

É fácil recusar tais conversações positivas e mudanças em nossas convicções como meio de escapar de nossos verdadeiros problemas. No entanto, a experiência dos autores é a de que as pessoas que começam a modificar conscientemente suas conversações e suposições internas relatam uma melhora quase instantânea em seu desempenho. Sua energia aumenta e as coisas lhes parecem melhores. Tudo é fruto de sua imaginação, dizem os cépticos, e os autores apressam-se em concordar. É claro que sim, mas, para começar, assim também era a pressão sob a qual você estava submetido.

Vivemos em um mundo onde é lugar comum culpar as outras pessoas por nossas falhas, onde as mensagens negativas a respeito de nossos próprios poderes e valores são comuns. As mensagens involuntárias que recebemos de nossos pais, professores e patrões nos comunicam que não somos competentes nem bons. Introjetamos estas mensagens e as repetimos até que se transformem em realidade percebida, imprimindo em nós mesmos a impressão de que somos impotentes, incompetentes e incapazes de reagir aos fatos.

Afirmações

As afirmações são declarações positivas e pessoais que modificam as convicções e expectativas pessoais negativas, motivando-nos a seguir em outras direções. Segundo um senso mecanístico, elas são novos programas que tentam modificar as atitudes e expectativas improdutivas que conduzem aos resultados negativos em nossas vidas. Uma afirmação se realiza se a repetirmos com muita freqüência – ela se transforma em nossa realidade interna. Uma afirmativa está fazendo efeito quando nosso comportamento e sentimentos começam a fluir dela.

As afirmações podem ser mais ou menos eficazes. Por exemplo, apenas dizer a si mesmo "Eu vou ganhar um milhão de dólares" não é nada eficaz. As afirmações não são tentativas de fazer mágica no mundo externo, nem são capazes de criar o impossível (muito embora a impossibilidade seja uma convicção que mantemos a respeito das coisas); elas, de fato, são uma tentativa de modificar padrões de pensamento e crenças que nos limitam e frustram.

Antes que você comece a criar um conjunto de afirmações para si mesmo, examine seus padrões negativos de pensamentos, convicções e expectativas. Você já viu como a conversa interna pode impor limites desnecessários e impedi-lo de ter êxito em combater as pressões de sua vida.

Use essas regras para tornar suas afirmativas eficazes:

Entre em um estado receptivo de espírito, atingindo um estado de relaxamento profundo (como detalhado no Capitulo 6), ou simplesmente leve alguns momentos para preparar seu corpo e mente para receber as novas informações. Antes de começar, você precisa dizer a si mesmo que está pronto.

Faça afirmações curtas, claras, diretas e específicas. Troque os desejos e mudanças complexas por outras diretrizes pequenas e simples.

Coloque as afirmativas no tempo presente do indicativo. Você as está criando como uma realidade psíquica que passará a existir a partir do momento em que as afirmar para si mesmo.

Faça as afirmações positivamente, como sendo aquilo que você deseja fazer. Evite palavras negativas como "pare" ou "não". Afirme o que você realmente deseja pensar, sentir e fazer.

Quando você repetir suas intenções, tente remover suas dúvidas. Iniba a tendência a fazer comentários negativos ou duvidosos. Não interrompa ou prejudique suas afirmações. Caso comece a pensar negativamente, diga "não" ou "pare" a si mesmo; depois prossiga com a afirmação.

Anote seus grupos de afirmações e coloque a lista onde você possa vê-la várias vezes ao dia. Você precisa relembrá-las muitas vezes a si mesmo para torná-las concretas e reais.

Faça com que as afirmações se tornem parte contínua e permanente de sua vida.

Modificando os padrões negativos de pensamento

Você pode mudar os padrões autoderrotistas ou negativos usando diversas técnicas comuns:

Verifique e modifique suposições: Se você acha que seu emprego está ameaçado, que as pessoas não gostam de você, ou quando se conscientiza das situações, acrescenta outras suposições autofrustrantes, encontre uma forma de esclarecer a real situação. Confirmar sempre com outras pessoas ou simplesmente se dar conta de que suas suposições não correspondem à realidade pode aliviar o estresse.

Relaxe e diga o contrário a si mesmo: Quando você escutar a si mesmo, dizendo coisas negativas, preocupações ou prevendo o pior, você pode relaxar o corpo (já que os pensamentos provavelmente lhe causam tensão) e depois começar a imaginar situações mais positivas ou fazer outras afirmações.

Use afirmações: As pessoas não elogiam as outras ou a si mesmas, a menos que sejam obrigadas. Quando você se surpreender sendo autocrítico, anote uma lista de suas qualidades positivas e das coisas que você gostaria que lhe acontecessem. Coloque a lista em local que possa ler constantemente, quem sabe na geladeira ou no espelho do banheiro. Tente repetir essas mensagens afirmativas para si mesmo diversas vezes por dia.

EXERCÍCIO 11

Tome nota de um breve e inicial grupo de afirmativas que modificarão alguns dos pensamentos negativos que você mantém acerca de si mesmo. Crie afirmativas relacionadas a alguns dos setores importantes de sua vida. Permita que suas afirmações sejam expansivas e permissivas. Por exemplo, você pode fazer afirmações como:

- Sou saudável e cheio de disposição.
- Meu trabalho é importante e excitante para mim.
- Mereço ser amado e ter o amor que desejo em minha vida.
- É bom conseguir o que desejo.
- Me permitirei gostar de receber o que as pessoas que gostam de mim oferecerem.
- Deixarei as mágoas de lado.
- Posso aceitar meus sentimentos como uma importante parte de mim.
- Posso conseguir o que desejo das pessoas.
- Meu trabalho sustenta minha criatividade e iniciativa.

_____

_____

_____

Capítulo 1: Como Geramos a Pressão

_____
_____
_____
_____
_____
_____
_____

Pare alguns instantes diversas vezes por dia para repetir vagarosamente suas afirmações para si próprio. Enquanto as repete, tente imaginar como esta afirmação é – ou pode ser – verdadeira em sua vida; você pode imaginar a afirmação enquanto ela se torna parte integrante de sua vida. Visualize-se literalmente mudando. As afirmações serão lembretes úteis de seu potencial para mudanças e de seu compromisso com novas formas de ser, especialmente nos momentos de estresse ou pressão.

Capítulo 2

EMPOWERMENT: RESPONDENDO CRIATIVAMENTE ÀS SOLICITAÇÕES DA VIDA

Para muitas pessoas, ter poder pessoal significa levar outras pessoas a fazerem aquilo que desejam e conseguir que as solicitações sigam uma seqüência premeditada para que elas possam atingi-las, através de suas reações planejadas e premeditadas. Seu comando só durará o tempo em que submeterem o mundo à sua vontade, e contanto que o mundo não as surpreenda. Caso o mundo não as obedeça, sentem que estão perdendo este controle.

Nossa pesquisa demonstra que o poder pessoal realmente se origina de um sentimento de confiança que podemos atingir com criatividade e eficiência, qualquer que seja o tipo de solicitação que possa surgir. Isso quer dizer que conhecemos nossos limites e limitamos nossas expectativas, mas também usamos nossas habilidades e forças. O sentimento de poder que as pessoas saudáveis demonstram é o senso de autoconfiança combinado com uma noção de que possuem um conjunto de habilidades que as permite lidar com os fatos mais imprevisíveis, frustrantes ou ligeiramente opressores.

Cada um de nós aprendeu um estilo de se relacionar com as solicitações que por vezes nos mantêm firmes, preserva nossa saúde e assegura nosso sucesso. Em outras ocasiões, nosso jeito aumenta nossa dificuldade e nos causa problemas e sofrimento.

As solicitações não nos são apresentadas. Escolhemos aquelas que queremos assumir e como as encaramos. Então, determinamos a natureza de nossa reação, que tem o poder de resolver ou aliviar a solicitação, ou até piorá-la. Podemos reagir defensivamente visando nos proteger e proteger nosso psiquismo, em vez de reagir ofensivamente à própria solicitação. Acima de tudo, temos determinadas abordagens básicas para a maioria das situações, que formam nosso estilo próprio, ou seja, nossa personalidade. A maneira com a qual respondemos às solicitações é chamada de "combate", sendo que nosso estilo de combate é responsável por nossa saúde, enfermidades e acúmulo de estresse negativo no interior de nossos corpos e mentes, além do grau de exaustão ou equilíbrio que observamos em nossas vidas.

EMPOWERMENT E CONTROLE

A exaustão pode ser interpretada como uma falha de autocontrole. Não é um efeito necessário nem previsível de certas crises cotidianas. A exaustão se instaura quando não reagimos diretamente às solicitações, ou quando exageramos em nossos atos ou colocamos mal nossa reação aos acontecimentos. Ela é gerada dentro de um ambiente em que o indivíduo exibe um sentimento de desamparo para reagir às exigências e um sentimento de irrealização acerca do futuro. "Não sou livre, não sou capaz de me destacar", é o que a pessoa em processo de exaustão diz a si mesma. Então, esta suposição ou expectativa torna-se uma realidade, simplesmente porque a pessoa age como se ela fosse verdadeira. Muito embora este comportamento não gere resultados positivos, ele acaba se eternizando.

No extremo oposto, está a pessoa que se sente capaz de se destacar em suas atitudes. Seu poder não é absoluto nem infalível. O mundo ainda tem o poder de derrotá-la ou privá-la do que deseja, mas a pessoa que tem o senso de poder sabe que sempre possuirá a capacidade de escolher uma resposta expressiva para qualquer solicitação. Suas escolhas não são arbitrárias, originam-se da consciência de suas necessidades, valores e metas; elas sustentam sua noção de ego e respeitam as realidades e harmonia da vida desta pessoa. Esta reação também pode ser criativa, alegre e inovadora, sem limitar-se aos fatos precedentes. A pessoa não é vítima da vida, mas possui a capacidade de reagir criativa e eficientemente às solicitações.

A capacidade de gerar respostas criativas é o que diferencia a pessoa de um robô ou de um computador. Podemos aprender, adaptar, crescer, e, até certo ponto, esquecer o passado. A exploração da base de nosso senso de poder pessoal e seus elementos sempre nos ensina que, não importa que solicitações se nos apresentem, sempre poderemos arranjar uma resposta criativa. Esse tipo de resposta começa no interior do indivíduo, na forma como ele organiza a realidade e faz a leitura das situações. Os seres humanos são inigualáveis em sua capacidade de antever e planejar – moldar seu futuro – para explorar alternativas dentro de si mesmos e avaliar os resultados e implantar mudanças, até mesmo no curso da ação.

As perguntas a seguir podem ser respondidas através do estudo das pressões e exigências que recaem sobre nós, observando a forma com que organizamos nossos mundos interiores e como encaramos a nós mesmos e nossas capacidades.

- O que uma pessoa vê?
- Ela realmente vê as oportunidades ou apenas as chances perdidas?
- Ela sabe reconhecer bem suas próprias capacidades e habilidades?
- Ela maximiza ou minimiza estas capacidades e habilidades?
- De que formas a pessoa distorce as situações ou as percebe com nitidez?

CONTROLE SIGNIFICATIVO

As pessoas capazes de lidar com o estresse em suas vidas sentem-se no comando de seu mundo. Isso não significa que exerçam controle integral sobre todas as coisas e pessoas que as rodeiam. De fato, estudos realizados com esses indivíduos raros, que exercem total controle, demonstraram que estavam ansiosos e com medo, porém sentiram que poderiam fazer algo para combater as coisas que os estressavam. Quando são confrontados com a situação estressante, selecionam um aspecto da situação que são capazes de modificar. Usamos o termo *controle otimizado*: pessoas que administram bem o estresse parecem estar em controle de seu ambiente imediato.

Algumas pessoas sentem que não são capazes de controlar coisa alguma: são vítimas de seu ambiente e das circunstâncias. Tais pessoas sofrem de baixo controle, ou do que foi chamado de "síndrome do desamparo/desespero)". Estas pessoas são deprimidas e sofrem de uma variedade de estresse vinculado a doenças e problemas emocionais.

No extremo oposto, estão as pessoas com o "Síndrome do Comportamento do Tipo A de Personalidade". Estas pessoas sofrem de excesso de controle, assumem todos os projetos e precisam fazer tudo pessoalmente. Elas encontram muita dificuldade de confiar nas pessoas, que sempre as decepcionam. O controle extremado também está associado à saúde e a dificuldades relacionadas ao estresse.

Uma das principais qualidades da gestão eficaz do estresse é o senso de controle que temos sobre nosso mundo.

Este diagrama ilustra as três possibilidades.

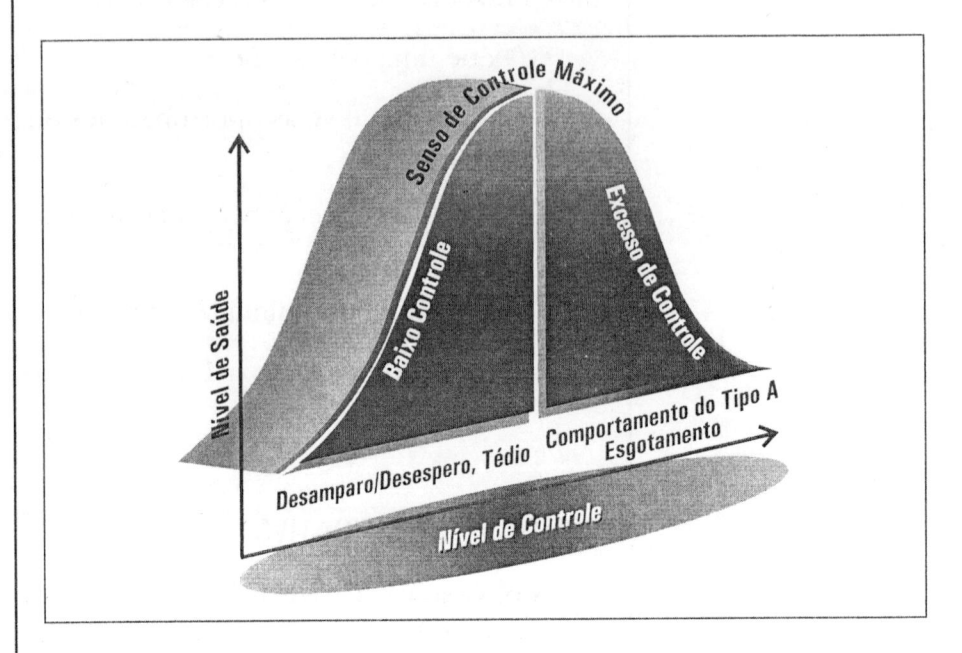

[Diagrama: curva em forma de sino mostrando Nível de Saúde (eixo vertical) versus Nível de Controle (eixo horizontal). À esquerda: Baixo Controle — Desamparo/Desespero, Tédio. No topo: Senso de Controle Máximo. À direita: Excesso de Controle — Comportamento do Tipo A, Esgotamento.]

Temos este senso de controle quando sabemos como escolher situações onde possamos influir e, conseqüentemente, atingir metas bem delineadas, sentir sucesso e relaxamento. O portador da síndrome do desamparo/desespero nunca poderá experimentar o sucesso e o sentimento de conquista, tampouco a pessoa do Tipo A. Quem se situa nos dois extremos, nunca descansa ou se sente confortável. A que grupo você pertence?

Como você encara a vida?

Você tende a ver a si mesmo como uma vítima ou mártir?

Você escolhe metas e projetos, ou assume tudo que aparece em seu caminho, como se fosse sua obrigação?

O que você pode fazer para se adequar ao ponto de equilíbrio máximo?

AVALIANDO E MODIFICANDO SEU ESTILO DE COMBATE

Nossa resposta às exigências, às crises e aos desafios cotidianos depende da situação, bem como de nossos truques pessoais. Desenvolvemos algumas maneiras prediletas e confortáveis para lidar com dificuldades, abordar tarefas e reagir a crises. Estas são nossas estratégias de combate, sendo que elas trabalham a nosso favor. Alguns de nós contamos apenas com algumas delas, reagindo das mesmas maneiras inflexíveis, não importa qual seja a situação. Outros possuem muitas reações e as adaptam de acordo com a tarefa. Os exercícios de auto-avaliação nesta seção o auxiliarão a continuar explorando as diversas maneiras com que você reage às situações estressantes.

No Capítulo 2, você criou a Agenda Pessoal do Estresse. Se você voltar e revisar a agenda, provavelmente reconhecerá padrões recorrentes e áreas problemáticas crônicas.

Seu estilo de combate não é totalmente positivo nem negativo. Ele contém diversos elementos, sendo alguns deles úteis em determinadas situações, assim como outros podem ser necessários em outro tipo de circunstância.

Como Exercício 12, preencha as Avaliações 5 e 6 no Anexo. Suas respostas criarão uma lista de suas reações de combate positivo e negativo, além de identificar o que é mais difícil para você.

PERFIS DE ESTILOS DE COMBATE

As auto-avaliações de estilos de combate referem-se às variadas formas que as pessoas geralmente usam para combater os fatos estressantes. Os seis estilos descritos são dificuldades de combate – estilos de gestão de estresse que, na maioria dos casos são mais disfuncionais do que eficazes. Compare suas respostas com as Avaliações 5 e 6 enquanto lê estas descrições de cada estilo disfuncional e algumas formas de introduzir mudanças.

1. Fuga

A fuga é um estilo de rejeição, medo, ou adiamento de uma ação que poderia reduzir a pressão. Segundo este estilo, uma pessoa mantém o nível de estresse ao qual está submetido ao não fazer nada para interrompê-lo. Ele pode ter medo de fazer o que é necessário ou pode ter todo tipo de razões e racionalizações para justificar a inércia. O fato é que a fonte da pressão não cessará.

Existem vários tipos de teorias psicológicas sobre os motivos que levam a pessoa a adotar este padrão visivelmente disfuncional. Eles podem ter medo do sucesso ou podem sofrer de falta de autoconfiança. Podem simplesmente ter se habituado a não agirem, ou podem não ser capazes de imaginar como seria bom se pudessem agir. Podem temer a mudança e o risco, desejando que as coisas permaneçam do mesmo jeito que eram antes. As razões são menos importantes do que aprender uma forma de motivar alguém a agir.

Se sua pontuação neste item foi alta, você não está se arriscando, permitindo-se a fazer mudanças, concluir tarefas importantes e assumir responsabilidades. Isso, por sua vez, conduz à preocupação, frustração, medo e depressão. Existem diversas maneiras de se começar a mudar:

Faça uma lista das tarefas, prioridades pessoais e principais exigências cobradas de você. Liste todas as suas boas razões pessoais para não realizá-las. Provavelmente você descobrirá que possui muitos temores, complicações emocionais e outras dificuldades que o impedem de abraçar projetos. Pense em algumas formas de modificar suas razões para não realizar a tarefa. Estabeleça um prazo para si mesmo e tente enfrentar a tarefa de modo direto.

Faça um intervalo e coloque-se em estado de tranqüilo relaxamento. Lentamente, imagine-se realizando a tarefa. Por um instante apenas, imagine que você é capaz. Permita que seu corpo sinta como seria executar a tarefa. Imagine que você está realizando bem a tarefa e sentindo-se bem com isso. Quando você visualizar a si mesmo concluindo a tarefa, imagine como se sentirá bem e as recompensas e benefícios que receberá das outras pessoas. Repita este exercício muitas vezes durante muitos dias.

Crie registros para si próprio. A cada passo de uma tarefa complicada, e também quando concluí-la, dê um prêmio especial para si mesmo que o faça se sentir bem. Além disso, fique alerta para que as reações alheias à sua atividade sejam mais um tipo de premiação – um incentivo em sua auto-estima.

Pense nas pequenas coisas que deseja ou gostaria de fazer. Imagine convidando alguém para sair, tentando algo novo, expondo seus sentimentos ou exercendo seus direitos. A cada dia, tente se arriscar uma ou duas vezes. Preste atenção em suas reações e como os outros reagem à sua iniciativa.

Caso você considere difícil começar, pergunte-se o porquê. Isso pode ajudar a imaginar quais são os seus medos, ou a imaginar a pior coisa que pode lhe acontecer. Depois, pense se você realmente não poderia aceitar e viver com este resultado pior possível. Imagine o melhor resultado possível. Caso continue a se sentir uma profunda resistência interna, a tarefa provavelmente é algo que você simplesmente não deve realizar; diga à pessoa que lhe solicitou que não concluirá a tarefa, mencionando alguns dos motivos. Alguns encargos e obrigações não precisam ser concluídos, e é sua resistência que lhe dirá.

2. Impotência

A impotência não é um fato: é a maneira de experimentar a si mesmo. É o sentimento de que não faz a menor diferença entre ser ou não capaz de fazer algo. A impotência é geralmente acompanhada pelo desespero, sendo este estilo completo uma modalidade extremada de fuga. Quando ocorrem as exigências ou necessidades, a pessoa congela e se esconde. Em conseqüência, a pessoa nunca experimenta um sentimento de poder pessoal e capacidade. O sentimento se amplifica com o tempo até que a depressão se estabeleça. Ela se sente indefesa, como uma vítima. A pessoa nem mesmo tenta resistir ou superar a fonte do estresse, e parece que seu corpo, assim como sua mente, se entrega e a doença começa a se instalar.

A impotência é um ciclo autofrustrante: Se você percebe a si mesmo como desprovido de capacidade, você não melhorará nem conseguirá sucesso, o que justifica a percepção e fecha o ciclo. Por isso, as abordagens que funcionam para o problema da impotência – retração máxima – visam a desarticular este padrão autofrustrante.

O sentimento de impotência pode ser redefinido como um problema originário da autocrítica negativa. Modificar este sentimento começa com a observação e a anotação de algumas das coisas negativas que você diz a si mesmo a respeito de sua capacidade, do mundo e de si próprio. Estas auto-afirmações servem para justificar o sentimento contínuo de impotência.

Olhe para sua lista. Tente isentar-se e pensar em cada afirmação objetivamente. É realmente verdadeiro de acordo com sua experiência, ou existiram apenas um ou dois acontecimentos que levaram a esta conclusão? Faça algo para testar sua suposição. Por exemplo, se você sentir que ninguém realmente se importa com você e que é por esta razão que você não se aproxima de ninguém ou mantém uma vida social, você deve convidar alguns conhecidos para um jantar.

Outra área a ser explorada são as expectativas e mitos que você nutre acerca de seu desempenho. Muitas pessoas não conseguem começar porque esperam de si mesmas uma perfeição inatingível, ou frustram-se porque foram incapazes de concluir tarefas. Explorando a natureza de suas expectativas e exigências, você será capaz de revisá-las, o que, por sua vez, o libera para agir.

Outra abordagem é partir para a ação direta. As pessoas que sentem impotência crônica geralmente dizem que não desejam fazer nada até que se sintam melhores. No entanto, não fazer nada não as faz sentirem-se melhor, só contribui para piorar. Além disto, para reverter o ciclo não faça *nada,* e veja como você se sentirá depois disso. Caso comece a fazer algumas coisas pequenas, apesar de seus sentimentos negativos, você começará a se recuperar e extrair compensações do que fizer. Isto, por sua vez, leva a mais atividade, e a espiral será revertida para um caminho positivo.

3. Internalização

Se você encher uma bola com ar, ela poderá estourar. Da mesma forma, quando uma pessoa tenta apegar-se a mais e mais sentimentos, lidar com intoleráveis quantidades de pressão e fazer tudo por conta própria, a pressão se acumula. A frustração, o ressentimento e o estímulo psicofisiológico se acumulam. Nunca se tem a oportunidade de relaxar e voltar às suas bases para liberar o estresse. Após cada realização, fica-se com um resíduo de estresse não-liberado que cria raízes sob forma de qualquer um dos sintomas de estresse listados anteriormente.

As seguintes características descrevem os internalizadores:

Eles guardam as coisas para si mesmos.

Eles sentem que não vem ao caso dizer aos outros como se sentem, e às vezes é até totalmente perigoso.

Eles temem o conflito ou pensam que compartilhar sentimentos é improdutivo.

Eles guardam a pressão dentro de si e raramente pedem ajuda.

Eles podem ser vistos como protótipos de calma e equilíbrio.

Infelizmente, os internalizadores são freqüentemente cobrados a realizarem mais e mais em razão de sua natureza, e assim é gerado um outro tipo de espiral autofrustrante.

A internalização é comum porque o modelo de comportamento masculino em nossa cultura inclui a manutenção do controle sob pressão e o não compartilhamento de sentimentos. Mas existem conseqüências definitivas sobre saúde e custos à internalização, assim como conseqüências autofrustrantes duradouras sobre a saúde da pessoa do Tipo A, que nossa cultura também valoriza. Embora a internalização seja útil em algumas situações de crise, ela é isoladora e causa uma tensão indevida e a não-liberação de estresse.

A maioria dos internalizadores tem a experiência de tornarem-se subitamente conscientes de um acúmulo quase intolerável de frustração, raiva ou sintomas de estresse, tais como a dor de cabeça. Eles não têm prestado atenção a seu corpo; toda sua atenção foi treinada para seu ambiente, seu mundo externo.

Você é capaz de modificar esta tendência praticando os exercícios de consciência corporal mostrados no Capitulo 5. Cheque a si mesmo como se estivesse trabalhando e estivesse começando a sentir estresse. Note que sentimentos estão se acumulando, como você se sente a respeito das coisas. Às vezes, ter a simples consciência de seus sentimentos, sem necessariamente expressá-los às outras pessoas, já é suficiente para ajudá-lo a avançar para mudar a situação.

Outro caminho a seguir é explorar suas razões para reter os sentimentos dentro de si. Pense em algumas situações em que você não contou para os colegas ou familiares o que estava sentindo. É interessante notar que as pessoas que retêm sentimentos dentro de si geralmente o fazem em relação a sentimentos bons *e* ruins. Anote algumas de suas razões para não compartilhar sentimentos. Esse podem ser medos da reação das pessoas, antecipação da rejeição, resistência ou raiva de outras. Eles podem surgir de suposições sobre si mesmo: *um homem de verdade não fala sobre seus sentimentos, ele guarda tais coisas para si*. Quando explorar suas razões, pode descobrir que são menos persuasivas do que você esperava.

Distinga as expressões de sentimentos das exigências. Muitas pessoas acham que, quando expressam um sentimento, isto exige que a outra pessoa faça alguma coisa. Se você expressa raiva, por exemplo, a pessoa para quem você contou tem a obrigação de fazer algo a respeito. Esta é uma das razões pelas quais as pessoas temem os sentimentos alheios e escondem os seus próprios: elas temem ou recuam das obrigações.

Você pode começar a expressar como se sente sem ter a expectativa de que o interlocutor precise mudar em virtude disto. Seu sentimento é uma informação importante sobre você, que precisa ser afirmada para que as pessoas a seu redor saibam como você está reagindo. Muitos medos e preocupações são gerados pela especulação acerca dos sentimentos alheios. Comunicar lentamente às pessoas como você está se sentindo fará com que você comece a ver quantos medos e expectativas negativas são infundados.

4. Explosões emocionais

As explosões emocionais são realmente o resultado, em longo prazo, da internalização, assim como a impotência é o resultado da fuga. Quando você retém os sentimentos dentro de si, eles se acumulam. Uma forma de descarregar sentimentos é explodir, geralmente dentro de uma circunstância mais segura do que a geradora do sentimento. Por exemplo, estamos preocupados com nosso próprio desempenho e, de repente, ficamos nervosos, fazendo exigências injustas a nossos funcionários. Ou então ficamos frustrados em nossos relacionamentos conjugais e descontamos em nossos filhos, em vez de enxergar a verdadeira fonte dos nossos sentimentos.

Existem dois principais propósitos das explosões emocionais:

Elas liberam tensão em um ambiente seguro.

Elas geralmente envolvem transferência de culpa e responsabilidade.

Quando estamos frustrados ou sob estresse, uma das respostas emocionais autofrustrantes é a de nos liberar da responsabilidade, culpando outra pessoa. Este processo geralmente causa um efeito curioso: são duas pessoas discutindo sobre de quem é a responsabilidade por algo, mas nenhuma delas faz nada a respeito. Culpar os outros é uma modalidade de transferência de responsabilidade. A conseqüência negativa de explodir com alguém ou culpar outra pessoa é transferir seu próprio estresse e frustração para aquela pessoa. Explodir é como passar a batata quente – a tensão é passada adiante para outra pessoa. Porém, a fonte da frustração permanece intocada.

Lidar com as explosões emocionais é paradoxalmente similar a modificar a internalização. Nisto se inclui ficar consciente das emoções quando elas estão sendo geradas e descarregá-las no momento apropriado.

A pessoa que explode necessita pesquisar a origem desses sentimentos frustrantes e achar outra forma de expressá-los. Em vez de transferir a responsabilidade deles para outra pessoa, o processo de exploração dos sentimentos envolve perguntar a si mesmo o motivo pelo qual se sente assim. Aí, você fará mudanças na situação que gerou o sentimento, não repassando as exigências ou transferindo a tensão para outra pessoa.

5. Excesso de controle

Manter as coisas sob controle é um dos métodos mais importantes e bem-sucedidos de gestão do estresse. Contudo, as dificuldades que muita gente enfrenta ao combater o estresse, inclusive as pessoas que exibem o Comportamento do Tipo A, surgem da tentativa de antecipar cada reação das outras pessoas, tentando controlar cada situação e tentando planejar qualquer eventualidade. Em algum momento, a manutenção de controle significativo sobre o próprio ambiente torna-se uma tarefa árdua demais para alguém tentar praticar. Isto gera ansiedade, porque é simplesmente impossível. O excesso de controle faz o mundo parecer mais estressante.

Tentamos manter as coisas sob controle, concluindo todas as tarefas, cumprindo todas as obrigações e tomando conta de tudo ao nosso redor. Nada pode ser eliminado ou rejeitado. Essa atitude é cansativa e frustrante, parecida com o comportamento do Tipo A de personalidade em muitos aspectos.

Modificar o estilo de combate que tende ao excesso de controle envolve diversos elementos. Primeiro, as prioridades e tarefas precisam ser avaliadas, e as tarefas que puderem ser descartadas ou podem ser feitas com o auxílio alheio, serão modificadas.

Segundo, distanciar-se de tanto controle implica enfrentar o medo de não estar no comando. Pare um instante e faça as seguintes perguntas a si mesmo:

Por que faço tanta coisa em minha vida?

Tenho medo de desagradar as pessoas que me rodeiam, ou de desapontá-las?

Tenho medo de falhar?

Duvido de meu valor ou me sinto rejeitado?

Se você tem sentimentos assim, não é provável que vá se sentir melhor simplesmente fazendo tudo que for possível. Sempre existirão motivos para temer a opinião alheia ou a nossa capacidade. Encarar honestamente os sentimentos e atitudes que estão ocultas em seu comportamento é a maneira mais eficaz de introduzir mudanças nas estratégias disfuncionais de combate.

O comportamento do Tipo A de personalidade

A conexão mais claramente estabelecida entre uma reação ao estresse e a saúde é a conexão entre o comportamento do Tipo A de personalidade e todas as formas de doenças coronarianas. Junto com a alimentação adequada, exercícios regulares e sem o vício do cigarro, a modificação deste método de combate é uma das maneiras mais importantes de que a pessoa dispõe para evitar doenças, bem como prevenir todos os tipos de sintomas de estresse mais leves.

O comportamento do Tipo A de personalidade, conforme definido pelos cardiologistas Meyer Friedman e Ray Roseman e pelos psicólogos David Glass e C.D. Jenkins, é uma mistura de reações emocionais e atividades em resposta às exigências da vida, especialmente em relação ao trabalho. De acordo com Rosenman e Friedman, o Tipo A de comportamento é:

> *Um complexo ação-emoção...[que] pode ser observado em qualquer pessoa que esteja vigorosamente envolvida em uma luta crônica e incessante, na tentativa de atingir mais em menos tempo, e, se necessário, fazendo isto em contraposição aos esforços opostos de outras coisas ou pessoas.*
>
> *Esta luta crônica e incessante... juntamente com a hostilidade gratuita, mas dissimulada, e geralmente bem racionalizada, define o padrão de comportamento do Tipo A. O sentimento de urgência e hostilidade cede lugar à irritação, à impaciência, ao aborrecimento e ao rancor.*

Friedman percebeu que o comportamento do Tipo A pode inicialmente acarretar o sucesso profissional, conquistas e alguma satisfação. No entanto, as conseqüências negativas logo superam os ganhos. A pessoa do Tipo A apresenta dificuldade de trabalhar em grupo e de ajustar-se à mudança e ao inesperado. A frustração se acumula à medida que a pessoa nunca alcança a satisfação nem a paz. Além disto, com o passar do tempo, a pessoa do Tipo A torna-se mais e mais unidimensional, à medida que abandona *hobbies* e atividades de lazer, limitando até mesmo o envolvimento com a família e amigos. Em geral, algum acontecimento dramático – ruptura de um casamento, perda do emprego ou de uma promoção, falha em alguma realização – podem conduzir à reavaliação deste estilo de combate.

O padrão de comportamento do Tipo A de personalidade é extremamente comum, e até mesmo incentivado em nossa cultura. Este estilo também é passível de mudança. As pessoas podem aprender novas maneiras de lutar, e desde que considerem estes métodos compensadores e desenvolvam novos hábitos, serão bem mais eficientes no combate ao estresse em suas vidas.

O programa para mudanças de Friedman envolve quatro componentes:

1. Reavalie cada atividade para reduzir seu nível de atividade.

2. Reconheça seu rancor e hostilidade ocultos, em vez de negá-los. Aprenda novas formas de lidar abertamente com o rancor.

3. Pratique e treine caminhar, comer, falar e dirigir com mais lentidão.

4. Preste atenção ao que está acontecendo neste momento e reaja positivamente, até mesmo gostando, das situações que antes seriam frustrantes.

COMBATE E CONTROLE

As pessoas mais saudáveis e mais eficientes aprenderam a alcançar o equilíbrio entre cuidar de si mesmas – auto-renovação – e aceitar os desafios que lhes são apresentados. Estas pessoas ampliam sua noção de controle pessoal, buscam desafios e estão envolvidas em seu trabalho. Elas escolhem os desafios que enfrentarão ou aqueles que determinaram como sendo suas metas, e as enfrentam sem quase rejeição ou fuga. Contudo, elas não negligenciam as necessidades de seus corpos ou se obrigam a irem longe demais, e nem sempre estão sozinhas. Elas contam com a ajuda e o apoio de outras pessoas.

As pessoas têm problemas de combate quando suas reações a situações estressantes não atingem os resultados pretendidos. Elas reagem a mais, a menos ou no local ou direção errados.

Quando reagimos às situações, automaticamente, sem reflexão ou planejamento, usando os hábitos adquiridos anteriormente, retiramos a flexibilidade de nós mesmos.

Ação x auto-sustentação

Quando enfrentamos situações estressantes, nossos esforços para combatê-las podem seguir dois caminhos básicos. Podemos reagir diretamente à própria situação, agindo para reduzir a pressão, porém lutar geralmente requer mais do que isso. Durante a reação do estresse, nossos corpos agitam-se fisiologicamente, acarretando em nós uma forte reação emocional. Então, os fatos estressantes dão origem a medos e rancores, independentemente de percebermos ou não. Nossa auto-estima ou bem estar são ameaçados, e geralmente precisamos atender a nosso psiquismo atingido. Portanto, o combate consiste em lidar com uma situação além de nos proteger e regenerar.

É a partir desta dupla tarefa que as dificuldades surgem com mais freqüência. Às vezes, combatemos o estresse exclusivamente lidando com a situação em si, sem nos importarmos com nossas necessidades emocionais ou psicológicas. Outras reações de combate centralizam-se primariamente na autoproteção, na preservação da autoestima e fazem pouco para modificar a situação externa. O combate eficaz exige que se atenda a ambos os tipos de necessidade.

Quando examinamos os seis tipos de combate disfuncionais, começamos a perceber que os aspectos disfuncionais destas reações residem na maneira com que tendem a proteger mais a mente do que administrar a exigência.

A fuga e impotência

Examinando mais detidamente, vemos que a fuga e a impotência são motivadas por um sentimento de que não somos capazes de atender à solicitação ou cumprir a tarefa. Já que duvidamos de nós mesmos, desistimos do desafio. Evidentemente, o resultado sustenta nossa opinião negativa acerca de nós mesmos, já que não modificamos a situação que nos aflige. Continuamos então a nos sentir mal em relação a nós mesmos e a pressão ou exigência continuam a nos envolver.

A internalização e as explosões emocionais

Estas respostas disfuncionais nos trazem problemas porque são frágeis tentativas de lidar com as emoções produzidas pelas situações estressantes. O internalizador perde a chance de obter auxílio e apoio emocional de outras pessoas. Muitos internalizadores sentem que as outras pessoas não se importam com eles ou com seus problemas. Por isso, se retraem.

A pessoa que apresenta explosões emocionais experimenta uma variação do mesmo problema. Ela internaliza a angústia por um certo período até que a pressão conduz a uma explosão. Quando isto acontece, é desproporcional ao fato que a ocasionou, e com bastante freqüência, mantêm as pessoas afastadas, pessoas que poderiam ajudar. As pessoas ficam confusas pela intensidade emocional ou se sentem atacadas.

Por exemplo, um gerente costumava subestimar seus subordinados, pensando que o trabalho tinha que ser concluído. Mas ele nunca explorou os possíveis efeitos de suas explosões de raiva sobre o comportamento de seus funcionários. A conseqüência involuntária era que a equipe começou a ocultar informações e evitá-lo, reduzindo a eficiência de todos.

Excesso de controle e o comportamento do Tipo A de personalidade

Estes dois padrões contêm algumas similaridades entre si. O excesso de controle raramente funciona, porque as outras pessoas reagem resistindo a serem controladas. O padrão de comportamento do Tipo A reúne o excesso de controle com a agenda lotada e uma intolerância à frustração. Ambas as reações podem lidar eficazmente com algumas exigências, mas ao longo do tempo eles levam à exaustão e ao esgotamento.

Combate ativo

As pessoas que sentem que reagiram com sucesso às situações estressantes incorporaram os três aspectos de combate ativo em seu comportamento:

A busca de apoio: Não podemos viver sozinhos no mundo, e muitos dos estilos disfuncionais de combate – fuga, impotência, internalização, explosões emocionais, Comportamento do Tipo A de personalidade e o excesso de controle – implicam livrar-se de relações sustentadoras com outras pessoas. Eles envolvem o não-compartilhamento de sentimentos e tarefas. A busca de apoio envolve a criação de relações de trabalho positivas. Talvez seja o melhor fator isolante dos efeitos negativos do estresse.

Diversão/liberação de tensão: Cuidar de nosso corpo e permitir que algumas atividades rotineiras liberem a tensão que se acumula durante o dia é crucial para o combate eficaz do estresse. Muitas vezes, a diversão pode parecer uma fuga, mas, assim como o controle, é uma questão de equilíbrio, e de a pessoa poder retornar ao trabalho sentindo-se renovada e arejada.

Ação direta: Eventualmente, a maioria das tarefas não pode ser evitada. Quanto mais agimos para tratar o que é necessário em nosso ambiente, mais nos sentimos no comando, e, ainda, quanto mais tarefas eliminamos, mais reduzimos as origens de nosso estresse.

Quando você enfrentar uma situação estressante, faça estas perguntas a si mesmo:

Como conseguirei lidar com a solicitação ou pressão? Minha reação faz com que a exigência ou pressão permaneça ou faço alguma coisa para resolver? É claro que não podemos simplesmente decidir que uma exigência não é problema nosso. Muitas pessoas reduzem o estresse, percebendo que muitas das tarefas que assumem realmente eram importantes para outra pessoa. Mas todos os combates devem efetivamente agir na origem de uma exigência ou então será ineficaz, conduzindo a um futuro estresse.

Como estou cuidando de minha reação emocional à pressão e protegendo meu corpo e mente? Na avaliação de estilos de combate, você precisa ver o quanto sua reação é válida ou autodefensiva ao proteger sua mente. Por exemplo, na função de chefe você pode estar inseguro em relação ao que é esperado de você. Como reação, você pode transmitir a seus funcionários a mensagem de que não deseja escutar problemas ou más notícias. Logo, nunca precisa enfrentar as informações potencialmente ameaçadoras ou desanimadoras. No entanto, esta estratégia, assim como todas as estratégias ineficazes de combate, perde sua eficácia com o tempo. Se você continua a agir defensivamente, poderá usar um bode expiatório, culpando outras pessoas, quando deveria tratar do problema.

Estou conseguindo o que desejo, o que preciso e o que pretendo com esta estratégia de combate? Muitas reações ineficazes prosseguem, apesar das evidências que não nos levam onde desejamos ou esperamos. Veja também as conseqüências involuntárias de seu comportamento de combate. Por exemplo, tomar um drinque ou fumar quando nos sentimos oprimidos produzem efeitos negativos claros e permanentes. Podemos estar esgotando hoje os recursos para conseguir a realização de algo, no presente, que poderá nos destruir amanhã.

Em geral, podemos ver os métodos disfuncionais de combate como tentativas de administrar situações exercendo controle excessivo ou insuficiente sobre o ambiente.

PERSONALIDADES DE ESTRESSE

Cada um de nós exibe uma personalidade de estresse, um estilo predominante de combater as situações estressantes. Nos extremos, algumas pessoas tentam exercer controle demais sobre seu ambiente, enquanto outras não o exercem suficientemente. Não é necessário que a pessoa represente um único estilo. A maioria de nós possui dois, às vezes, três estilos predominantes que são utilizados em diferentes tipos de situações. Temos, por exemplo, estilos de combate em casa e no trabalho.

EXERCÍCIO 13

Veja as descrições de personalidades de estresse que costumam exercer controle a mais ou a menos.

- Que personalidade as pessoas a seu redor poderiam atribuir a você?

___
___
___

- Anote seus três tipos de personalidade de estresse mais marcantes.

___
___
___

Assim como a maioria dos aspectos da gestão do estresse, estas personalidades são autofrustrantes ou ineficazes apenas quando levadas ao extremo, ou quando a pessoa se torna tão inflexível que reage da mesma forma para todos os tipos de estresse. Cada personalidade é útil em alguma situação.

PERSONALIDADES QUE EXCEDEM O CONTROLE

Centralizador: Esta pessoa assume qualquer tarefa acreditando que somente ele a realiza bem. Ele assume o trabalho de todos e não pensa em compartilhar ou dividir atividades. Conseqüentemente, está sempre sobrecarregado e sozinho.

Competidor: Esta pessoa encara qualquer tarefa como uma competição entre ele e as outras pessoas. Ele precisa ser o melhor para sobrepujar os demais.

Salvador: Esta pessoa sente que sua missão na vida consiste em ajudar outra pessoa ou todo mundo. Ela está sempre pensando no trabalho e no outro, embora não costume perguntar às pessoas se elas desejam ser ajudadas.

Impaciente: Esta pessoa tem um pavio curto que a vida está continuamente acendendo. A frustração é uma constante, já que para ela qualquer fato é fonte de frustração.

Tirano furioso: Esta pessoa consegue fazer as coisas ordenando ferozmente que os outros o ajudem, o que sempre acarreta às pessoas não cumprirem a tarefa. Este tipo de líder ou colega é fonte de estresse para as outras pessoas e geralmente não tem êxito em conseguir o que deseja.

Diplomata: Este é o homem do sim que dirá ou fará qualquer coisa para ter certeza de que as pessoas não entrem em conflito. Ele nunca afirma suas opiniões e termina fazendo coisas que não deseja fazer ou não pensa que devam ser feitas. Tudo é internalizado, já que a pessoa tenta satisfazer a todos. Muito embora não pareça, provavelmente é um frustrado.

PERSONALIDADES DE BAIXO CONTROLE

Vítima indefesa: Esta pessoa sente que não interfere em nada nos fatos de sua vida e ninguém em seu ambiente defende seu bem estar. Ela se justifica dizendo que nenhum de seus atos pode alterar as coisas, então por que tentar? Esta pessoa exibe rancor, autopiedade e está cheia de razões para explicar como as circunstâncias a levaram a errar.

Preocupado ansioso: A vida desta pessoa é controlada pelo medo das dificuldades passadas, presentes e futuras. Ele tem um medo de falhar que o paralisa, fazendo com que o pior aconteça. Essa mente está ocupada com sentimentos negativos, medos e autocríticas.

Esquivo: Esta pessoa rejeita as responsabilidades, tarefas e dificuldades. Isso às vezes funciona, mas eventualmente a falta de participação na solução dos problemas pode levar ao desastre. Esta estratégia não deve ser confundida com a estratégia que visa ao equilíbrio do descanso, atividade e respeito às necessidades do organismo.

Sonhador criativo: Esta pessoa é cheia de planos, idéias, projetos e um intenso sentimento de criatividade, mas não os leva a termo. Embora o pensamento positivo e criativo possa ofertar algum estímulo, a falta de ação pode prejudicar.

O combate eficaz e o ineficaz

Para conceitualizar estratégias para se combater o estresse, imagine dois estilos extremos de combate. No lado positivo do espectro, está o *Administrador Ativo do Estresse*, que faz o que pode para planejar, prever e reagir diretamente às pressões e exigências. No extremo negativo está a *Vítima Passiva do Estresse*, que evita a ação efetiva e transforma as pressões e exigências de sua vida em obstáculos insuperáveis. A maioria das pessoas situa-se em algum ponto entre elas.

ADMINISTRADOR ATIVO DO ESTRESSE	VÍTIMA PASSIVA DO ESTRESSE
Introduz energia nas áreas que podem ser administradas.	Deixa muitas coisas para a sorte e o destino.
Prevê e planeja o futuro.	Não pensa adiante.
Possui uma reserva de tempo e energia para os fatos inesperados, não planejados e críticos.	Enfrenta prazos atropeladamente no último momento.
Possui uma aguçada percepção das ameaças e apoios do ambiente.	Demonstra pouca previsão ou antecipação.
Demora um tempo para avaliar estratégias alternativas.	Assume tarefas que não podem ser concluídas ou são opressoras.
Adapta a estratégia para reduzir o estresse diretamente.	Não estabelece prioridades nítidas.
Toma cuidados com sua mente e seu corpo.	Permite que os problemas se acumulem.
	Vê o ambiente como sendo ameaçador

ADMINISTRADOR ATIVO DO ESTRESSE	VÍTIMA PASSIVA DO ESTRESSE
Evita exceder a capacidade com ritmo e relaxamento. Busca ajuda e apoio o máximo possível. Administra o tempo centralizando as prioridades.	Apresenta reações compulsivas e estereotipadas para todas as situações estressantes. Aumenta o nível de estresse com sua reação. Falta-lhe ritmo, cuidados com si próprio e distração. Trabalha sozinho, não busca recursos.

MODIFICANDO SUA ESTRATÉGIA DE COMBATE

Com sua conscientização dos ativos e passivos de seu estilo de combate e com a informação acerca do combate ativo do estresse, você pode pensar e planejar novas formas de reagir às situações estressantes.

EXERCÍCIO 14

Faça uma releitura da lista das situações mais estressantes em sua Agenda Pessoal do Estresse. Começando pelos itens mais difíceis ou opressores, faça a si mesmo estas perguntas:

Quanto controle eu devo exercer sobre esta situação?

Esta é uma questão multifacetada. Primeiro, você será tentado a dizer que não exerce muito controle. Mesmo em nossa experiência, todos subestimam seu possível controle. Por exemplo, você pode ver um problema e decidir que não pode ter influência sobre ele. No entanto, você pode recuperar o controle quando perceber que o problema não é seu, e que ninguém espera que o resolva.

O sentimento de liberdade surge do crescente controle ao decidir que você não é obrigado a lidar com o problema. Caso descubra outras formas possíveis de lidar com a situação, terá começado a reunir idéias sobre como lidar com ela diferentemente.

> **EXERCÍCIO 14 (Continuação)**
>
> **O que o impede de lidar eficazmente com a situação?**
>
> Pode estar havendo falta de tempo ou de recursos, ou um problema com outra pessoa que também está envolvida no trabalho. A análise cuidadosa e a exploração da natureza dos obstáculos à resposta de um problema é sempre esclarecedora. Pense de que jeito os obstáculos poderiam ser reduzidos ou neutralizados.
>
> **Como minhas reações pessoais, emocionais ou sensibilidades podem me atrapalhar?**
>
> Aqui você verá como as maneiras habituais de administrar situações, dores emocionais e expectativas anteriores interferem na mudança de suas formas de reação.
>
> **Quais são as maneiras alternativas para lidar com a situação?**
>
> Este é o momento em que você elaborará uma lista contendo todas as outras formas que você pode imaginar e formas de reagir a esta situação.
>
> Pode ser que vá achar difícil se imaginar agindo diferente, portanto talvez seja melhor pensar em como outra pessoa que você conhece lidaria com o fato. Permita-se criar alternativas a esmo, não as avalie ou planeje nada novo.

Lembre-se das diretrizes para mudanças no final do Capítulo 1. Não espere criar um plano depois simplesmente implantar algumas mudanças em suas reações. O que você precisa, primeiramente, é desenvolver uma mentalidade que aceite sua vontade e comprometimento para introduzir mudanças.

Imagine a mudança

Este é um método que os grandes realizadores costumam utilizar, como por exemplo, os atletas.

- Sente em um recinto calmo e feche seus olhos.

- Percorra mentalmente todos os passos da reação à pressão ineficaz.

- Tente imaginar todos os detalhes do fato ocorrido como se tivesse acontecido no passado.
- Atente também para qualquer reação física e emocional de que você possa recordar.

Agora se permita imaginar que o fato está acontecendo novamente, mas, desta vez, imagine-se reagindo de outra forma. Deixe claro para você mesmo que não tem a obrigação de reagir de outra forma para valer, está simplesmente experimentando outras formas de reagir. Tente imaginar-se fazendo algo diferentemente, de maneira tão nítida quanto sua última recordação. Você não encontrará dificuldade para visualizar como seu corpo reagirá ao novo comportamento e quais serão as novas conseqüências. De fato, você estará fazendo experiências no laboratório de sua imaginação.

Faça este exercício de imaginação novamente, desta vez imaginando outra forma com a qual poderia controlar a situação. Você começará a ver que você possui uma variedade quase infinita de reações possíveis.

Agora se permita refletir sobre as dificuldades e conseqüências involuntárias de sua maneira típica de reagir a situações deste gênero. Escolha uma nova forma de reagir que lhe pareça possível e atingível. Imagine-se agindo de acordo com ela. Pense em seus medos e sentimentos acerca de uma real mudança. Caso se sinta pronto para tentar algo diferente, da próxima vez que uma situação estressante deste tipo surgir, comprometa-se consigo mesmo a agir da forma que imaginou.

Risco, mudança e crescimento

Quando começar a introduzir mudanças em suas reações à pressão, você encontrará diversos tipos de resistência emocional. Você pode sentir ou dizer coisas como "Simplesmente não consigo" ou "Este não sou eu". Ou pode sentir medo de agir de forma diferente, especialmente se isto importar em encarar as situações que você evitava no passado. Todos os esforços para mudanças encontram o medo e a resistência. Esta é a razão pela qual os psicólogos dizem que fazer mudanças envolve risco. O risco envolve o perigo externo, e nele se inclui o perigo de magoar nosso psiquismo.

Ironicamente, para superar a pressão, precisamos arriscar exatamente esta mágoa que nosso psiquismo pretende evitar. Precisamos pedir a pessoas para fazerem as coisas e submeter nosso trabalho a superiores para que o avalie. Podemos sentir rejeição, confrontação, conflito ou desaprovação. No entanto, se não corrermos o risco, afastamos a possibilidade de uma mudança bem-sucedida. Na maior parte das vezes, nossos medos são irreais e imprecisos.

Adquirir maior poder pessoal e combater a pressão envolve a adoção de riscos psicológicos. Uma pessoa pode crescer e expandir-se apenas até o momento em que adentrar em território desconhecido. Sem o risco, as chances de crescer são quase nulas.

A maior estabilidade que existe é a morte. Se a pessoa pretende continuar viva e resistir contra a doença e a dificuldade, deve então crescer, mudar, expandir-se e assumir novas possibilidades. As exigências e a pressão fazem parte da vida, e precisamos encontrar novas maneiras de reagir contra elas. Os sintomas de estresse e esgotamento são sinais de que estamos contrariando nosso cerne humano e lutando para manter as coisas como estão quando encontramos resistência no ambiente e dentro de nós mesmos.

GESTÃO DO TEMPO

Para muitas pessoas, o relógio é a forma concretizada do estresse. O tempo é seu inimigo – porque ele nunca é suficiente para concluir as tarefas. No entanto, não é o tempo, e sim a maneira com que a pessoa se relaciona com ele que gera o estresse. A gestão do tempo envolve seu modo de abordar e organizar suas tarefas, a fim de assegurar que você atinja seus objetivos, em vez de fazer o que não deseja ou não precisa.

Todos já se encontraram na situação de precisar de um pouco mais de tempo. Já que os poderes científicos e psíquicos não desenvolveram ainda uma forma de alongar a hora ou o dia, o melhor a fazer é aprender a administrar o tempo de que você realmente dispõe. Resumidamente, a gestão do tempo é uma combinação de como você pensa em usar o tempo que possui e como você realmente o utiliza.

Existem duas formas de modificar seu modo de usar o tempo – internamente ou externamente. Sua maneira de pensar em uma tarefa assemelha-se muito à sua abordagem em relação a ela. Por acaso, você pensa no quanto este vasto projeto é avassalador, ou o subdivide em partes administráveis para então prosseguir?

O segundo é um exemplo de como gerenciar internamente. Por outro lado, as perturbações e pressões do meio externo podem ser a principal determinante de sua capacidade de concluir um projeto.

Caso você receba muitos telefonemas ou visitas, você não poderá pensar com clareza, bem como terá problemas de terminar o trabalho dentro do prazo.

TRABALHANDO EM MEIO AO CAOS – ORGANIZANDO A CONFUSÃO

Todos nós já passamos por uma situação em que nosso ambiente é muito dispersivo para levar qualquer tarefa a cabo – barulho externo, interrupções, algazarra, um sentimento genérico de desordem. As distrações ambientais geralmente são as principais responsáveis pelo desperdício de nosso precioso tempo. A tensão é gerada a todo instante que começamos uma tarefa cercados de bagunça. Aglutinar tarefas demais consome tempo de reflexão que poderia ser utilizado em outro trabalho. Formar uma lista de coisas a fazer o libera do caos e centraliza sua atenção nas tarefas do momento.

Dê uma espiada em seu local de trabalho. Será que é uma floresta de papel com todo tipo de vegetação e pinheiros? Então é tempo de criar um depósito para toda essa papelada.

- Organize seus papéis em pilhas por projeto ou categoria.

- Forme pastas temporárias onde eles possam permanecer fora de vista até que você precise deles.

- Separe um lugar para colocar os papéis com os quais você não saiba o que fazer.

No final do mês, faça revisão destes papéis e jogue fora tudo o que não precisou durante aquele mês. Há uma grande chance de você não precisar deles depois, mas, caso precise, certamente poderá obter uma cópia com outra pessoa que não selecione sua papelada.

Durante seu processo de seleção, mantenha uma pasta de papéis que possam ser lidos durante intervalos, quando estiver aguardando ou entre dois compromissos. Esta pasta pode ser útil para guardar os documentos que não têm importância imediata, mas cujo conteúdo você precisa saber.

Agora que você reservou locais para guardar todos os documentos, crie a meta de manusear cada papel uma única vez. Pegue o documento e decida o que fazer com ele. Folhear a mesma papelada várias vezes só conduz ao retardamento de seu trabalho. Um famoso especialista em gestão de tempo nos relata como aboliu o hábito de folhear papéis. Cada vez que ele pegava um papel, rasgava três centímetros na parte inferior. Como seus papéis iam ficando cada vez mais curtos, ele começou a perceber quanto tempo costumava perder com a papelada circulando.

Outra técnica para mudar este hábito é fazer uma bolinha vermelha no papel cada vez que manuseá-lo. O aspecto pontilhado lhe dará uma idéia de quanto tempo você perdeu.

A HORA DAS INTERRUPÇÕES

Todos nós precisamos de um tempo de pensamento ininterrupto. Um recente estudo do uso do tempo demonstrou que as pessoas são interrompidas, em média, a cada dez minutos! O resultado da administração criativa do ambiente externo visando a reduzir estímulos externos geralmente é a recuperação deste relevante tempo de reflexão.

Algumas empresas criaram uma estratégica *hora do silêncio* em um determinado horário do dia, quando todos concordam em não telefonar nem interromper os demais. Alguns criaram um sistema de bandeiras para suas portas: uma bandeira vermelha significa "Não perturbe", já a verde significa "Pode entrar". É importante que existam lugares onde as pessoas possam se isolar para ficarem em silêncio. Podem ser criados salões de conferência e salas de reflexão, a fim de permitir que as pessoas organizem seu trabalho. Uma executiva encontrava-se em uma situação tão caótica dentro do escritório que costumava dirigir-se a seu carro estacionado na empresa para conseguir algum silêncio sem interrupções.

O seu caso pode não ser tão desesperador quanto ao da executiva acima, mas certamente existem horas em que as pessoas adentram seu escritório querendo ser prontamente atendidas. Trancar a porta minimiza este efeito, mas também transmite às pessoas uma sensação de não-disponibilidade. Uma estratégia útil poderia ser falar com as pessoas perto de suas mesas. É sempre uma forma de cumprimentá-los e permite que você interrompa a conversa e diga: "deixe-os voltarem ao trabalho" de maneira amistosa.

Outra interrupção poderosa é o telefone. A maioria dos empresários permite que o telefone os interrompa à vontade. Muitas pessoas descobriram até mesmo que mantêm uma dependência psicológica em relação ao telefone, mostrando uma necessidade de atendê-lo sem se importarem com a hora ou local. Neste caso, o telefone está dominando você, e não o contrário. O que você pode fazer para administrar seu tempo de conversação ao telefone? A primeira estratégia é não atender. Faça com que outra pessoa filtre as chamadas ou anote-as para que você dê retorno. Algumas pessoas estabelecem horários para responder ligações. Use perguntas fechadas, aquelas que podem ser respondidas com um simples sim ou não, para que as conversas sejam breves e incisivas.

FAZENDO O TESTE

Há diariamente a necessidade de se administrar conversas cada vez mais longas e abrangentes que acontecem em reuniões. Já que as reuniões são locais importantes de tomada de decisões, compartilhamento de informações e geração de idéias, é importante saber o motivo da reunião, que itens precisam ser discutidos ali e que decisões precisam ser tomadas. As informações devem estar previamente disponíveis em uma agenda para que as pessoas já cheguem preparadas.

- Comece as reuniões nos horários marcados.
- Tranque as portas do salão de reuniões para indicar que atrasos não serão tolerados.
- Marque uma reunião de dez minutos às 2:00 da tarde e vá embora às 2:10, independentemente de retardatários.
- Fique de pé durante a reunião para reduzir as discussões e incentive as pessoas a tomarem decisões rápidas.
- Certifique-se de que a reunião é a maneira apropriada de lidar com o assunto.

Não utilize pessoal de alto gabarito para decidir sobre algo de importância banal. Marque reuniões que terminem perto do horário do almoço ou às cinco da tarde. Você ficará surpreso com que constância suas reuniões terminarão no horário certo. Pergunte sempre a si mesmo e ao demais presentes como este encontro poderia ser mais eficiente da próxima vez.

DECIDINDO DECIDIR

A indecisão e a procrastinação são duas enormes perdas de tempo. Parar para avaliar todos os fatores envolvidos antes de chegar a uma decisão, geralmente, sempre lhe gera atrasos e torna obsoleta sua decisão tomada com tanto esmero.

Pense em seu estilo de tomar decisões em termos de média de eliminação. Babe Ruth foi o rei dos *home runs*, mas também de eliminações. Ele não tinha medo de rebater uma bola que lhe parecesse ter bom potencial. Isso lhe custou muitas eliminações, e também mais vitórias do que qualquer outro jogador. Aventurar-se a tomar mais decisões aumenta a chance de acertar mais vezes.

Caso esteja indeciso, anote suas dúvidas e relacione os prós e contras da questão. Se ainda permanecer indeciso, perceba suas expectativas formulando a si mesmo algumas perguntas:

- Quanta perfeição você espera de si mesmo?

- Quanto esforço excessivo você despende para atingir esta expectativa?

- Quanto isto está lhe custando em termos de tempo e esforço? Seus padrões internos podem estar lhe acarretando mais trabalho e mantendo-o distante de outras tarefas mais compensadoras.

Ajude a si próprio a se concentrar nos itens que têm potencial, perguntando a si mesmo o que tem a lucrar quando terminar o projeto. Verifique sua motivação para concluí-lo. A menos que receba algum tipo de reconhecimento, recompensa financeira ou sentimento íntimo de realização, você poderá sentir-se conflitado sobre a conclusão do mesmo.

Se, após perguntar a si próprio estas questões, você ainda sentir que está adiando o projeto, há uma boa probabilidade de o mesmo ser grandioso demais para ser assumido ou impossível de se concluir.

O que em geral é paradoxalmente verdadeiro acerca dos projetos desta natureza é que eles trazem um retorno fenomenal devido à sua complexidade e um impacto duradouro e estratégico sobre os negócios. Os retornos fenomenais são sempre vagos, difíceis de se realizar e não se ajustam com facilidade ao cronograma. Eles necessitam de abordagens especiais para torná-los mais manejáveis.

Quando desenvolver um projeto que seja difícil de ser iniciado devido à sua complexidade ou tamanho, divida-o em passos ou estágios. Caso não existir nada disso, crie.

- Quando trabalhar em grandes projetos, arranje um parceiro que o encorajará a atingir seus objetivos.

- Faça reuniões regulares para formar uma equipe de apoio, em que os membros se telefonem quando estiverem desanimados.

- Perceba a complexidade do que você desenvolveu e tenha sua meta em vista.

- Escolha um prêmio para quando terminar o projeto e recompense-se com isto.

Quando trabalhar em uma variedade de diferentes projetos ao mesmo tempo, é útil ter em mente o Princípio de Pareto:

> **20% daquilo que você faz rende 80% de seus resultados**

O uso mais eficaz do tempo é aquele gasto em projetos que produzirão os melhores resultados. Centralize-se mais nos resultados do que nos projetos. Vise aos projetos que surtirão os melhores resultados segundo os objetivos de amplo alcance de sua empresa ou departamento.

Muitas pessoas confundem eficácia com eficiência. Eficiência é fazer tudo corretamente, enquanto a eficácia é fazer a coisa certa do modo correto. Não perca tempo, porque o tempo urge.

Parte 2

COMPARTILHANDO E CONTATANDO

Capítulo 3

CRIANDO SISTEMA DE SUPORTE E INTERAÇÃO

Vivemos em uma teia, uma rede de relacionamentos com outras pessoas – família, colegas, amigos, prestadores de serviço e conhecidos. Não podemos pensar em nós mesmos separadamente de nossas relações. A noção de quem somos origina-se da atenção e das reações das pessoas mais próximas de nós. O que somos capazes de fazer também depende de quem nos rodeia e com quem podemos contar.

Os produtos e serviços essenciais para a vida humana, tanto tangíveis quanto intangíveis, derivam de nosso círculo de amizades. Quando estamos sob pressão, nos valemos das experiências e encorajamento dos amigos e buscamos o consolo e a atenção de nossos entes queridos. Se ficarmos carentes de qualquer um destes recursos apoiadores, nosso teste será bem mais difícil e pesado.

O combate ao estresse depende não apenas de nossos recursos e habilidades internas, mas também da qualidade, da quantidade e do grau de comunicação das pessoas que fazem parte de nossas vidas. Estamos inseridos em diversos grupos sociais, tais como os relacionamentos pessoais que nos fornecem apoio emocional, mantêm uma identidade pessoal positiva e obtêm recursos, informações, serviços e acesso a maior número de contatos sociais.

Estas redes agem como grupos de apoio social. Ao processo de conectar pessoas que você conhece para ajudá-lo a realizar algo ou apoiá-lo, damos o nome de *interação*. Na superação do estresse e do esgotamento, as habilidades de criar relacionamentos sustentadores e interagir são essenciais.

Pense em todas as pessoas de sua vida que, de alguma forma, o encorajaram. Isto pode ser um apoio verbal ou não verbal, ou até mesmo a segurança de saber que elas estão ao seu lado. Um sistema de sustentação é uma reunião de recursos que você pode contar seletivamente para apoiar sua escolha de direção ou direcionamento. Através deste encorajamento, você terminará sentindo-se mais forte em relação a si mesmo.

As pessoas que o rodeiam, especialmente as mais próximas, ajudam a confirmar sua competência e auto-estima. Elas podem surgir quando você precisa fazer algo, oferecer informações e recursos, ajudá-lo a lidar com as dificuldades e ofertar o ombro amigo como apoio emocional e atenção. Eles o ajudam a adquirir novas habilidades, assumir novos desafios e atingir objetivos.

Quando você sair em um dia ensolarado, o ofuscamento da luminosidade sobre seus olhos desprotegidos pode causar estresse e tornar a visão mais difícil. Muitas pessoas usam óculos de sol para filtrar os raios perniciosos. Podemos pensar da mesma forma no caso dos estressores e nas situações estressantes da vida. Se tivermos que lidar sozinhos com eles, serão difíceis e podemos nos sentir oprimidos. Mas quando podemos contar com a ajuda de outra pessoa, somos capazes de concluir tarefas e reagir facilmente à pressão com menos dor e prejuízos.

Pense em uma tarefa ou solicitação difícil – mudar de residência, assumir um novo emprego em outra cidade ou iniciar um importante projeto de trabalho. Você pode sentir-se oprimido por fazer tudo sozinho ou até mesmo com o auxílio de um amigo ou cônjuge. Agora imagine como seria se outros familiares e alguns amigos aparecessem para ajudá-lo em todas as tarefas. Imagine que as pessoas do novo emprego o encontraram e o convidaram para ir à casa delas ou o ajudaram a andar pela nova cidade.

A NATUREZA DO APOIO

Usamos a expressão "apoio social" para descrever uma série de relacionamentos mantidos com pessoas relevantes que podem compartilhar experiências conosco. O que as torna diferentes dos meros conhecidos é o sentimento de conexão que se origina de uma experiência compartilhada ou sistema de convicção. Estas pessoas formam uma teia e representam uma inoculação social das pressões e crises diárias. Além disto, elas são valiosas fontes de informação que visam à solucionar problemas, lembram-nos de quem somos à parte da situação estressante específica, e nos dão um sentimento de integração, em que somos valorizados pelo que somos.

É difícil para muitas pessoas manterem tais relacionamentos duradouros, por causa da mobilidade geográfica. Costumamos sofrer rupturas dos relacionamentos que criamos e encontramos dificuldade em mantê-los ao longo do tempo. Esta mobilidade está contida nos valores fundamentais que nos têm conduzido a um estilo de vida onde nutrimos um forte senso de competição e responsabilidade individual, que costumam nos impedir de buscar apoio de qualquer espécie.

Em vez disso, precisamos aprender a criar e sustentar relacionamentos menos duradouros. Se mudarmos de emprego de tempos em tempos, precisamos aprender rapidamente a descobrir quem são as pessoas dentro da empresa que sabem executar o trabalho e travar contato com nosso grupo de trabalho imediato, bem como com um grupo mais amplo de funcionários, para que possamos ter uma noção da empresa como um todo, sentindo-nos bem dentro dela. Da mesma forma, a fim de enfrentar a constância do divórcio e dos relacionamentos pessoais passageiros, precisamos aprender a formar relacionamentos com pessoas que gostem de nós, mesmo que esta atenção e este apoio não durem para sempre.

Encontrar apoio, criar relacionamentos e fazer conexões são habilidades que precisamos desenvolver para viver em um mundo em constante mudança. Muito embora nossa rede de apoio pessoal esteja funcionando bem, precisamos ficar cientes disto, desenvolvendo e conservando os relacionamentos que já possuímos.

MAPEANDO SUAS REDE DE APOIO

Já que o apoio social é um fator importante na sobrevivência ao estresse e tensão diários, é importante examinar como é a aparência de sua rede de apoio social.

Você pode pensar em uma rede de apoio pessoal como um conjunto de anéis em torno de si que age como amortecedor, reduzindo os efeitos de qualquer estresse que surja. É igualmente útil ter uma grande e variada rede de apoio como também ter uma rede de relacionamentos pequena e frágil.

O tipo de rede de apoio e a quantidade de pessoas em sua vida que estão à sua disposição dependerão, evidentemente, do tipo de pessoa que você é. Alguns de nós somos gregários, outros são mais introvertidos e podem ter apenas alguns amigos mais próximos. No entanto, o que parece importar não é o número de pessoas, e sim seu relacionamento com você. A amplitude dos relacionamentos, que lhe oferece diversas camadas amortecedoras, parece ser um relevante fator na manutenção da saúde.

Esta seção contém perguntas para lhe auxiliar a mapear e explorar os diversos tipos de redes de apoio social.

Como Exercício 15, examine o mapa da página 89 contendo uma série de círculos concêntricos. No círculo central está a legenda "eu", porque você está no centro de cada uma de suas redes. Cada círculo subseqüente representa um nível diverso de proximidade a você. Os anéis mais próximos ao centro são destinados às pessoas mais próximas a você. A seguir, os círculos estão subdivididos em cinco departamentos arredondados, cada qual representando um contexto, ambiente ou rede diferente: família/parentes, amigos, vizinhos/comunidade, colegas de trabalho e fontes serviços/profissionais. Logicamente, ocorrerão duplicidades, pois uma pessoa pode relacionar-se com você em mais de uma categoria.

Começando com os círculos mais próximos a você, preencha os nomes das pessoas em cada rede. Você pode inserir um vizinho que também é um colega em mais de um campo. Classifique-o de acordo com o nível de proximidade que você sente a respeito dele naquele contexto. Por exemplo, você pode não ver a pessoa com muita freqüência no trabalho, mas pode vê-la todos os dias em casa.

Quando tiver anotado todos os nomes, desenhe uma linha entre cada grupo de pessoas que se conhecem entre si. Todos os seus parentes, ou seus colegas de trabalho devem conhecer-se entre si. Por esta razão, devem existir muitas linhas interconectadas. Esta é a sua rede pessoal.

Principais tipos de rede de apoio

Família ou rede íntima: Tradicionalmente, havia um núcleo familiar, composto de mulher e filhos, com o restante da família morando perto. Hoje, muitas pessoas não são casadas, tendo desenvolvido uma rede similar à família, composta de amigos, namorados ou antigos companheiros de alojamento que são como se fosse a família.

Amizades e rede comunitária: Estas são as pessoas em sua comunidade e em sua vida social, podendo até incluir alguns colegas do trabalho com os quais você compartilha tempo social. Estas são as pessoas que você pode chamar para o ajudarem em variadas situações estressantes – mudanças, término de um relacionamento etc.

EXERCÍCIO 15

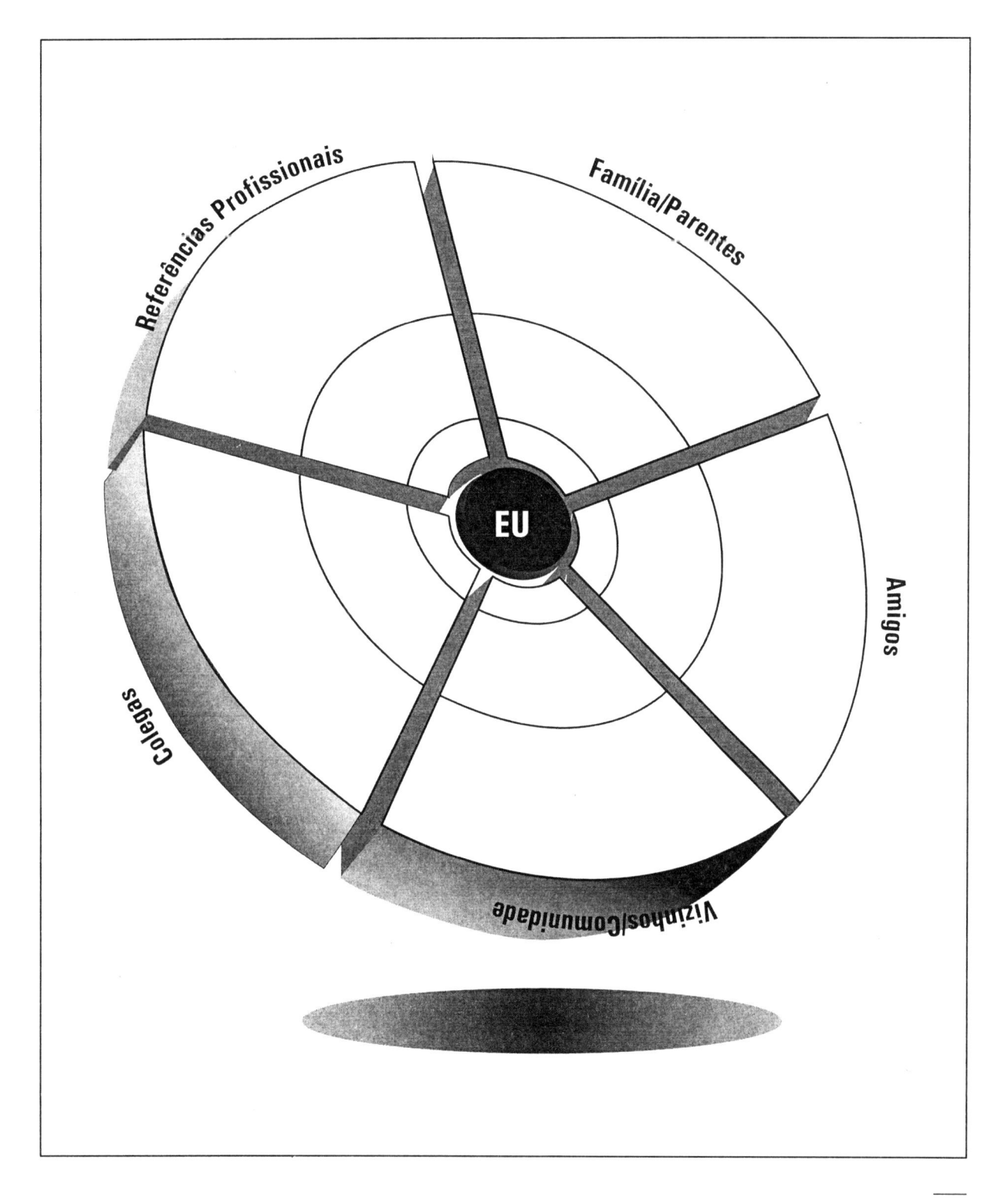

Referências Profissionais

Família/Parentes

EU

Amigos

Colegas

Vizinhos/Comunidade

Capítulo 3: Criando Sistema de Suporte e Interação

Estas são também as pessoas que você vê diariamente. Elas formam seu ambiente comunitário e, no caso dos amigos, uma contínua fonte de apoio enquanto você se muda ou modifica.

Seus amigos são, com freqüência, portadores e testemunhas de sua história e identidade pessoal.

Rede de trabalho: Estas são as pessoas com as quais você trabalha e com quem você poderia contar para o ajudar no trabalho, fornecendo um conselho ou informação. Elas podem ser mentores, pessoas que se interessam pelo desenvolvimento de sua carreira, ou fontes internas de apoio como pessoal auxiliar no trabalho ou conselheiros de assistência ao funcionário.

Rede de serviços e profissionais: Esta rede consiste de ajudantes fora de seus círculos normais e incluem pessoas como padres, conselheiros, prestadores de serviço, terapeutas, consultores e qualquer um que seja um ajudante especializado. Uma vantagem desta rede é que você pode escolher exatamente quem gostaria de incluir e estabelecer um acordo contratual com tempo determinado.

Função dos grupos de apoio

As redes de apoio oferecem um número de importantes funções:

Modelos ideais: mostram o que é possível, o que funciona em certas situações e abordagens alternativas.

Motivação: lembram a você dos interesses e objetivos comuns.

Alimentação: amizade e contato estreito.

Auxílio: assistência em tempos de crise.

Mentoring: respeito por suas habilidades e incentivo a novas formas de usá-las.

Referência: conexão com os recursos, sistemas de apoio e conhecimento de como certos procedimentos funcionam.

Desafio: encorajamento para assumir novas responsabilidades, implantar as mudanças necessárias e ampliar seus atuais limites.

Obtemos coisas diferentes das diferentes pessoas que compõem nossos grupos de apoio. Existem pessoas com quem se divertir, trabalhar, nos ensinar e oferecer conselhos profissionais. (Veja o Exercício 16.)

Relacione uma ou duas pessoas importantes a quem pode recorrer para exercer cada papel ou função. Volte e avalie segundo uma escala de 1 a 5 o quanto útil, satisfatório ou sustentador é o seu contato com esta pessoa (1 = não eficaz; 5 = eficaz).

Você pode descobrir que relacionou a mesma pessoa ou grupo várias vezes; muitas pessoas sustentadoras exercem variadas funções. À medida que percorrer a lista, começará a notar padrões. Marque as áreas onde precisa ou gostaria de receber mais apoio com um círculo. Em que membros de sua rede você confia excessivamente e em quais deles você deveria confiar mais? Existem setores em que você não é capaz de identificar quem é a pessoa sustentadora à sua disposição?

Os pontos fortes e fracos de sua rede de apoio ficarão nítidos quando você completar este perfil.

EXERCÍCIO 16: PERFIL DA REDE PESSOAL

As pessoas a quem recorro **Qual é sua utilidade?**
(escala de 1 a 5)

1. Para amizade íntima:

_____
_____

2. Para dividir problemas:

_____
_____

3. Para o lazer:

_____
_____

4. Para aconselhamento profissional:

_____
_____

Capítulo 3: Criando Sistema de Suporte e Interação

EXERCÍCIO 16 (Continuação)

5. **Para me energizar:**

   _____
   _____

6. **Como professores:**

   _____
   _____

7. **Como auxiliadores:**

   _____
   _____

8. **Como mentores:**

   _____
   _____

9. **Para aceitação e aprovação:**

   _____
   _____

10. **Para me ajudarem a descobrir e tentar coisas novas:**

    _____
    _____

11. **Para contatos profissionais e acesso:**

    _____
    _____

12. **Para me distrair:**

    _____
    _____

EXERCÍCIO 16 (Continuação)

13. Quando estou sofrendo:

_____
_____

14. Quando preciso de um bom conselho acerca de um problema:

_____
_____

15. Quando desejo estar com alguém que me conhece bem:

_____
_____

APOIO EM CASA

Não é nenhuma surpresa que sua família, pessoas mais próximas a você ou que vivem com você, formem o grupo de apoio mais importante para o proteger do estresse.

Para lidar eficientemente com o estresse e manter o equilíbrio em sua vida, um dos melhores recursos é um ambiente doméstico que seja um refúgio seguro. Em termos de nível de estresse, viver sozinho pode ser melhor do que viver em um clima familiar belicoso. Ter também pessoas à sua volta a quem possa recorrer para compartilhar pressões, medos e lutas é favorável no combate à pressão que não possa ser modificada. Tanto a família quanto os amigos podem executar este papel.

O apoio e a ajuda de sua família ou das pessoas mais próximas a você em sua vida diária pode assumir diversas formas:

- Existe a ajuda nas tarefas e no cumprimento das exigências diárias – incumbências, trabalho doméstico, creche e auxílio financeiro.

- Existe também o tipo de ajuda em que uma pessoa conversa com você e compartilha coisas para que você desabafe, oferecendo sugestões úteis.

- Existe também a noção de que alguém o aceita como você é e se importa consigo.

- E, por fim, existe o apoio de ter alguém para lhe fazer companhia, dividir hobbies, atividades de lazer e diversão.

MOBILIZANDO SUAS REDES

Pense novamente em suas redes pessoais e no apoio das pessoas de sua vida. Consegue perceber algumas áreas em que gostaria de melhorar seus recursos?

Aqui estão algumas noções genéricas sobre como construir apoio:

Caso as pessoas perguntem a si mesmas por que não possuem mais amigos e apoio em seu trabalho e vida pessoal, geralmente responderão que as pessoas não estão disponíveis. De fato, os principais obstáculos à construção de relacionamentos mais sustentadores residem em nós mesmos, não no ambiente. Presumimos erroneamente que as pessoas que nos cercam não gostam de nós, não têm tempo, não estão interessadas no que estamos fazendo ou não querem ajudar. Devido a estas suposições não pedimos nada a elas nem travamos contato. Criamos uma profecia autofrustrante. Nunca descobrimos que nossas presunções sobre as pessoas não são reais, porque nunca pagamos para ver.

A melhor regra para ampliar as redes de apoio é buscar pessoas novas. Eventualmente elas não desejarão ajudar ou fazer algo, mas esta não será a única resposta que você vai obter. Algumas vezes, outra pessoa parecerá gostar de estar com você e de trocar idéias consigo, até mesmo doar seu tempo para lhe ajudar. Elas também começarão a pedir sua ajuda, o que equilibrará a relação. Quando as pessoas começam a solicitar umas às outras, quase sempre descobrem que quase todas as pessoas são amistosas, de fácil aproximação e prestativas.

Outra maneira de estender o apoio é estender a quantidade e o nível de seus contatos sociais. Se você tem o hábito de almoçar ou jantar sozinho, comece a convidar pessoas para o acompanhar. Estudos de trabalhadores bem-sucedidos e que lidam bem com o estresse demonstram que eles, em geral, cultivam um grande número de relacionamentos dentro do ambiente de trabalho. Então, quando surge um novo cargo ou há a necessidade de obter uma informação importante, esta pessoa pode dar um empurrãozinho em sua rede de apoio.

O que importa não é o que você sabe e sim quem conhece. Você pode começar entrando em contato com as pessoas de seu ramo, utilizando organizações profissionais e reuniões para interação profissional.

- Pergunte às pessoas onde trabalham e o que fazem.
- Inicie conversas com os colegas sobre seus interesses cívicos ou sociais.
- Imagine-se como anfitrião do mundo em vez de hóspede. Promova apresentações entre as pessoas.
- Faça conexões por toda a parte, fale com as pessoas da fila do supermercado ou do ônibus.

Abordar as pessoas ativamente o colocará na direção certa para atingir seus objetivos.

Apoio e intercâmbio

Apoio social não é algo estático ou fixo. Ele cresce e pode ser restringido ou fortalecido, de acordo com a atenção que você der às suas redes. Quando não estiver recebendo o apoio necessário, as razões podem ser várias. É possível que você tenha muito apoio à sua disposição, mas não esteja desejando recebê-lo. Ou você pode não contar com muito apoio em seus relacionamentos cotidianos, mas sabe onde obter. Veja o apoio social como uma troca de energia entre as pessoas.

As pessoas não existem independentemente das outras, elas participam em muitas variedades de relacionamento. As dificuldades ocorrem na área do apoio social quando ocorre um desequilíbrio nesta troca energética. Já que a maioria das pessoas não acompanha bem cada intercâmbio de apoio, é possível descompensar o equilíbrio quando você dá muito e não recebeu uma quantidade suficiente para prosseguir. Até mesmo os automóveis precisam parar para fazer balanceamento.

Duas outras áreas de intercâmbio ajudam a contrabalançar sua vida: a auto-sustentação – coisas que você faz para si próprio – e receber a atenção de terceiros. As pessoas geralmente se sentem mais confortáveis com um método de intercâmbio e concentram suas atividades nesta direção.

A pesquisa e o bom senso sugerem que administramos melhor o estresse quando participamos ativamente nos três tipos de intercâmbio. As outras duas áreas de intercâmbio serão discutidas com mais detalhes no Capítulo 4. Elas são mencionadas aqui como lembretes de que o apoio social faz parte do complexo de intercâmbio e mecanismos de renovação.

CONSTRUINDO O APOIO ATRAVÉS DA INTERAÇÃO PESSOAL

Em tempos de transição, de crise ou de extrema pressão, a melhor estratégia de combate é geralmente mobilizar a rede pessoal.

Por exemplo, imagine que você está procurando por emprego. Uma forma de fazer isto é convocar o círculo de pessoas que você conhece em seu campo ou que possa conhecer pessoas em seu campo de atuação que, por sua vez, possam ter conhecimento de um possível emprego. Alguns telefonemas bastam para mobilizar sua rede, tornando as pessoas cientes de que você apresenta uma necessidade. Você também reunirá informações úteis e um conjunto de contatos mais extenso. Além disto, um amigo pode lhe dizer que tem uma ex-colega de faculdade que estaria procurando um funcionário no ramo de marketing. Os consultores de desenvolvimento de carreiras dizem isso a todos, que o emprego certo está três passos adiante nesta cadeia.

As redes e cadeias de conexões são a maneira primária das sociedades conseguirem realizar as coisas. É também a maneira de a informação ser repassada. Ao contrário das estruturas organizacionais formais, as redes não têm forma, são extensivas, amorfas e infinitamente flexíveis.

Pense em sua própria empresa. Provavelmente perceberá que as pessoas mais eficientes em seus empregos são aquelas que possuem grandes redes informais dentro da empresa. Elas sabem como fazer tudo e descobrir coisas. Possuem amigos em todos os departamentos e prestam favores aos outros. Em troca, podem contar com o auxílio das demais.

As redes florescem no equilíbrio. A resposta das pessoas às suas necessidades será equivalente ao nível de ajuda, recursos e apoio que você oferecer. Em geral, as redes mais eficientes são aquelas que fluem em ambas as direções.

Digamos que você tenha um problema que se tornou fonte de pressão ou estresse em sua vida. A interatividade pessoal é uma maneira útil de encontrar uma solução.

EXERCÍCIO 17

- Anote um problema que o angustia em um papel. Relacione todas as pessoas que conhece, até mesmo por alto, que possam ser um recurso para solucionar o problema. Nisto se incluem as pessoas que podem possuir relevantes informações, pessoas que já enfrentaram situação semelhante ou aquelas que tenham alguma relação com o seu problema. Pense em como cada uma delas pode ser útil a você.

_____

_____

_____

_____

_____

_____

_____

_____

_____

- Comece a contatar cada uma delas, discutindo sua dificuldade ou necessidade e peça ajuda. Certifique-se de que dirá a elas o que você precisa ou que tipo de ajuda elas podem oferecer. Poucas pessoas gostam de firmar compromissos vagos ou com finalidades desconhecidas.

Diferenças entre homens e mulheres

Assim como cada rede de apoio pessoal é composta por diferentes tipos de pessoa nos variados agrupamentos, existem também diferenças na forma com que os homens e mulheres compõem suas redes. Geralmente, parece que as mulheres sabem mais como desenvolver suas redes de apoio, bem como fazer uso delas.

Em sua obra *Intimate Strangers* (Estranhos íntimos), Lillian Rubin oferece inúmeros exemplos deste padrão. Rubin descobriu que as mulheres compartilham seus desejos mais íntimos, enquanto os homens raramente se confidenciam entre si. Os homens listam menos relacionamentos do que as mulheres, e suas amizades têm um conteúdo e qualidade bastante diversa daquelas relatadas pelas mulheres. Elas falam mais sobre seus sentimentos e experiências pessoais, enquanto eles dão mais informação e compartilham opiniões que elas. Os relacionamentos masculinos baseiam-se mais na atividade partilhada, como um esporte ou emprego, enquanto os relacionamentos femininos tendem a se concentrar mais fatos mais sensíveis da vida.

Dois terços dos homens solteiros que Rubin entrevistou foram incapazes de dizer o nome do melhor amigo, e, os que possuíam, quase sempre mencionavam ou citavam uma mulher.

Há algumas diferenças entre as pessoas casadas. As mulheres casadas tendem a reduzir suas amizades íntimas femininas depois de casadas, enquanto os homens tendem a desenvolver um relacionamento íntimo com sua esposa. Isso deve explicar algumas das descobertas da pesquisa que relata os benefícios de ser casado para os homens – eles são capazes de criar relacionamentos mais íntimos dentro da estrutura do casamento.

Os homens lucram com outra gama de redes. Desde sua época escolar em times esportivos de vários clubes, organizações e fraternidades, os homens formam grupos fraternais e de amizade. Estes grupos desempenham muitas funções, além de socializar e relaxar a mente. A sociedade dos velhos amigos forma um *pool* de recursos de recrutas em potencial para conseguir empregos, informações, serviços e outras atividades. Isto é útil e prático para aqueles que fazem parte da "panelinha", mas penaliza aqueles que não integram estas redes informais e geralmente duradouras.

À medida que são introduzidas no mercado executivo, as mulheres têm formado sua própria sociedade das velhas amigas para obter para si as mesmas vantagens. A extensão destas redes é crucial para muitas necessidades pessoais. Por exemplo, caso alguém precise de um advogado, de um prestador de serviços, deseje conhecer algo sobre as normas governamentais, ou esteja procurando um novo emprego, este tipo de rede é a primeira a ser consultada. Muitos empregos, informações e oportunidades navegam quase exclusivamente ao longo de tais redes. Não estar conectado a algumas delas é uma defasagem, e pode estar tornando o combate à pressão ou dificuldade ainda mais difícil.

Idéias para a geração de apoio

Este capítulo explorou formas de mobilizar e expandir a eficiência de suas redes pessoais de apoio. A seguir, estão as diretrizes gerais para aumentar a eficiência de sua rede pessoal de apoio:

- Peça auxílio direto e seja receptivo quando ele for oferecido.

- Relacione seis pessoas com as quais você gostaria de melhorar seu relacionamento e uma ação que gostaria de praticar em direção a essa melhoria.

- Livre-se dos relacionamentos que não são prestativos ou são prejudiciais a você.

- Mantenha relacionamentos de alta qualidade dentro e fora do trabalho dizendo às pessoas o quanto você valoriza o seu apoio.

- Faça revisão de sua rede atual, realizando uma avaliação honesta de como ela está funcionando para você e identifique áreas onde possam ser introduzidas algumas mudanças.

- Mantenha sua troca de energias equilibrada: retribua os favores e gentilezas.

Parte 3

RENOVANDO A SI MESMO

Capítulo 4

AUTO-RENOVAÇÃO: VOLTANDO A TER CONTATO CONSIGO MESMO

O estresse sempre se origina da falta de consciência, consideração e respeito por nossos sentimentos, necessidades, valores e metas de vida. Este capítulo inicia um processo de auto-reflexão, introduzindo exercícios para a aprendizagem das dimensões de nossa personalidade que negligenciamos ou que simplesmente estão fora de nossa consciência diária. Prestemos ou não atenção, elas afetam nossa vida. Mas quando o estresse é causado por fatores externos à nossa consciência e consideração, sentimo-nos desamparados e controlados pelo que fazemos e experienciamos, perdendo boas oportunidades de harmonizar nossas vidas com nossas necessidades, metas e valores internos.

Pessoas não são máquinas que podem ser pressionadas para atingir o máximo desempenho. Quando nos obrigamos a realizar algo e sentimos resistência, precisamos perguntar a nós mesmos o motivo por que estamos agindo assim e por que aquilo é importante para nós. O esgotamento e a angústia são, às vezes, uma mensagem que nosso corpo nos envia para indicar que precisamos explorar essas questões básicas. Os sintomas não sinalizam uma incapacidade de administrar o mundo externo, e sim uma desconexão em nível interno. Então, os processos de prevenção e superação da exaustão e obtenção do máximo desempenho envolvem a gestão externa das situações difíceis e trabalhar em conjunto com outras pessoas, bem como uma reflexão íntima sobre questionamentos tais como quem somos, do que necessitamos e o que desejamos para nossas vidas. Também precisamos tomar o devido cuidado conosco – física, emocional e espiritualmente – e reabastecer a energia que gastamos a cada dia. Estes processos de internalização e regeneração de si mesmos formam as atividades que chamamos de "auto-renovação".

Quando notarmos sinais de esgotamento, ou quando chegarmos a um ponto de transição pela perda de um emprego ou outra mudança na vida, será um bom momento para reavaliar onde estamos, de onde viemos e para onde vamos. No início da década de 60, consultores administrativos como Herb Shepard começaram a oferecer seminários aos executivos sobre "Planejamento da Vida". Nestes eventos, os participantes exploraram em que patamar se encontravam em suas vidas. Depois da reavaliação, eles planejaram e executaram mudanças.

Depois destes seminários, os executivos relataram alterações positivas em suas vidas pessoais e em seus sentimentos acerca de si próprios, bem como seu desempenho no trabalho. Conhecendo onde se posicionavam em suas vidas e para onde deveriam seguir, puderam se vincular novamente a seu trabalho de maneira mais positiva e criativa. Como resultado do workshop, outras pessoas realizaram importantes mudanças de vida – troca de empregos, adoção de novos hobbies e atividades, bem como reorientar seus relacionamentos.

A auto-exploração e o autoconhecimento são os fundamentos básicos da auto-renovação. Eles também são antídotos para o esgotamento e o excesso de estresse diário. Se não estivermos conscientes, perdemos o contato com orientações importantes para tomarmos decisões corretas e ficamos sem senso de propósito e direção. Neste estado, até mesmo as pressões e exigências corriqueiras poderão nos confundir e imobilizar.

Quando nos sentimos pressionados ou insatisfeitos, uma reação natural é olharmos em volta para tentarmos descobrir a fonte do estresse. Procuramos uma causa no ambiente e nas pessoas que nos rodeiam. Há uma falsa sensação de alívio quando podemos culpar alguma coisa por nossa condição, mesmo que o ato de culpar alguém não nos leve a lugar algum. Geralmente, o motivo pelo qual a transferência de culpa não nos leva a nada é porque, enquanto estamos procurando fora de nós mesmos, esquecemos o motivo recorrente em todas as situações – nós mesmos.

O ser humano é composto de um vasto mundo interno consciente e inconsciente de desejos competitivos, sentimentos, pensamentos, habilidades, metas e expectativas. Nossa enorme capacidade para nos autoconscientizarmos, planejarmos e agirmos sobre nossas imagens e aspirações criativas conduziram à riqueza da vida humana, mas também a suas dores e dificuldades. Quase sempre a exaustão que sentimos em um emprego não se deve à situação de trabalho em si,

QUEM SOU EU: EXPLORANDO A PESSOA INTERIOR

mas às nossas expectativas idealísticas ou necessidades pessoais. A autogestão não começa com o controle do mundo externo, e sim com a expansão de nossa consciência em relação a nossos mundos internos.

O estresse, a angústia e o esgotamento, todos são sinais de conflitos. O conflito pode existir em muitos níveis – entre as necessidades pessoais e as exigências do empregador, entre as pessoas, entre os grupos de pessoas e entre diferentes facções dentro do *Eu*.

Uma das principais fontes de estresse pessoal é a forma da empresa tratar os indivíduos. Algumas empresas supõem que as pessoas são intercambiáveis, que precisam ser severamente controladas para trabalhar bem e que seus sentimentos são irrelevantes. Essas suposições conflitam com a forma de todos encararem a si mesmos. O estresse e o posterior esgotamento se originam das tentativas de adequar-se aos rígidos modelos empresariais de natureza humana.

Com freqüência, o esgotamento e a angústia relacionam-se às dificuldades em nossa compreensão e respeito por nosso Eu interior e nossas potencialidades. Essas suposições são:

Cada pessoa contém um vasto mundo interior de pensamentos, sentimentos, valores, aspirações, potenciais e necessidades que ela é capaz de conhecer e explorar. A angústia, a doença e o esgotamento podem resultar da negligência deste mundo interior. Precisamos explorar e nos conectar a nós mesmos neste nível complexo e levar este mundo em conta em todas as nossas ações. Precisamos agir conforme estes valores, necessidades e mensagens internas.

Cada pessoa tem um grande potencial que raramente explora, bem como uma natureza complexa multifacetada. Para ter uma vida plena e saudável, devemos respeitar nossas variadas facetas, refletir e expressar o máximo de nosso potencial.

As pessoas vivem em um mundo com outras pessoas, sendo que elas precisam sentir-se vinculadas, valorizadas, ajudadas, envolvidas e confiantes em seus relacionamentos. Para conseguirmos o que desejamos e nos tornarmos o que queremos, precisamos estar profundamente envolvidos com os outros. As pessoas são gregárias; indivíduos solitários parecem ter dificuldade com sua saúde e bem-estar. Outras pessoas nos comunicam nosso valor, confirmam e validam nosso sentimento de valor e identidade. Para nos sentirmos seguros neste mundo, precisamos confiar nas outras pessoas.

A pessoa está constantemente mudando, evoluindo, crescendo e se transformando. Cada um de nós foi moldado pelas experiências e hábitos passados, mas estamos em constante mutação. Muitas de nossas mudanças são autogeradas e criadas visando nossas metas. Fazemos escolhas a todo instante para agirmos ou não agirmos, e precisamos nos responsabilizar pelas direções que seguimos. As pessoas não são totalmente moldadas por seus ambientes ou restrições, sempre têm a possibilidade de fazer escolhas criativas e inovadoras, bem como de encontrar soluções para as dificuldades.

NECESSIDADES PESSOAIS

O ser humano necessita de muitas coisas para permanecer vivo. Isso inclui o ar, a comida e o abrigo. Além disto, as pessoas necessitam das seguintes coisas para crescer e prosperar. Elas precisam:

- De outras pessoas para terem companhia, amor e apoio pessoal.
- Estabelecer e manter uma auto-estima saudável.
- Ser competentes.
- Ser desafiadas.
- Realizar.
- Possuir conexões transcendentes e espirituais.
- Encontrar meios e propósitos na vida.

Quando você finalizar o Exercício 18, *Avaliação das Necessidades*, terá criado um diagrama de suas necessidades e prioridades. Caso não se sinta satisfeito em relação a algumas das áreas relacionadas, poderá descobrir que está diante do estresse.

EXERCÍCIO 18: AVALIAÇÃO DAS NECESSIDADES

Abaixo estão relacionadas algumas das importantes necessidades pessoais. Para cada tipo de necessidade, assinale o quanto ela é importante ou opressiva para você e o seu grau de satisfação nesta área na sua vida atual.

EXERCÍCIO 18 (Continuação)

Tipo de necessidade	Importância Baixa Média Alta	Satisfação Baixa Média Alta
Sexualidade		
Amizade		
Ser amado		
Amar os outros		
Auto-estima		
Conquistas criativas		
Experiência religiosa, espiritualidade		
Respeito dos colegas		
Excitação, Desafio		
Paz, Tranqüilidade		

O psicólogo Abraham Maslow sugeriu que nem todas as pessoas sentem todas as necessidades com a mesma urgência simultaneamente. Maslow propôs que, em determinados momentos da vida de uma pessoa, determinadas necessidades são soberanas. Um indivíduo jovem pode estar mais preocupado com a falta de um relacionamento íntimo profundo e menos concentrado em outras necessidades.

Maslow também observou que diversas necessidades pareciam estar supridas para a maioria das pessoas e, à medida que estas necessidades eram preenchidas, outros tipos de necessidade tornavam-se importantes, como por exemplo, o crescimento pessoal e auto-expressão criativa. Por exemplo, já que quase todos nós dispomos de alimento, a comida raramente é uma preocupação para nós. Em um país pobre, a preocupação com a sobrevivência é preponderante.

Ter um semelhante, conquistar e viver uma vida significante parecem ser os bens mais importantes a que as pessoas visam hoje. Estas são as necessidades não-preenchidas ou inadequadamente preenchidas para muitas delas. Quando algumas das necessidades básicas são frustradas, o corpo costuma reagir apresentando uma resposta psicofisiológica estressante. Ao longo do tempo, com a frustração contínua, o estresse se acumula e várias dificuldades físicas e emocionais emergem.

Capítulo 4: Auto-Renovação: Voltando a Ter Contato Consigo Mesmo

Em razão da frustração das necessidades básicas ser uma das mensagens do esgotamento e do estresse, iniciamos nossa auto-exploração inquirindo em sua experiência quais são suas necessidades prioritárias neste momento e como elas estão satisfeitas.

AUTO-ESTIMA

Uma necessidade humana primordial é a auto-estima – pensar positivamente em si mesmo, sentir-se competente e eficiente no que fazemos, sentirmo-nos estimados e valorizados e confortáveis com o que somos. Quanto nos sentimos bem conosco mesmos, agimos de modo diverso de quando nos sentimos ameaçados, rejeitados e desvalorizados. Quando temos uma auto-estima elevada, nos sentimos bem, confiantes e criativos. O cultivo e o destaque da auto-estima são, portanto, necessários ao nosso bem estar.

A auto-estima não é algo que temos ou não. Ela é algo que pode ser desenvolvido; podemos criar situações e agir de maneira que ela cresça e floresça.

Existem diversas fontes de auto-estima: conquistas, poder e influência sobre os acontecimentos e pessoas, sentirmo-nos aceitos, valorizados e estimados pelas pessoas de quem gostamos e agirmos segundo nossos valores pessoais.

O inverso também é verdadeiro. A auto-estima entra em declínio quando abdicamos de nosso poder pessoal, não nos conectamos com as pessoas que nos rodeiam e não nos articulamos e agimos de acordo com nossos valores e convicções.

As fontes de auto-estima são quase idênticas às atividades que ajudam as pessoas a administrarem suas vidas, superar o estresse e o esgotamento e atingir a eficiência pessoal.

Avalie o quanto as fontes potenciais de auto-estima estão presentes em sua vida hoje.

- Para cada fonte, pergunte a si mesmo se você acentua sua auto-estima neste sentido. Seu sentimento de auto-estima surgirá, provavelmente, de uma ou duas áreas.

- Pense nas diferentes esferas de sua vida – trabalho, família, amigos e você isoladamente. Quais fontes de auto-estima podem ser notadas em cada uma delas? Por exemplo, você obtém mais sentimento de aceitação de sua família e vivencia o poder e a conquista em seu trabalho?

Comportamento aberto e defensivo

É interessante pensar em nosso encontros com as pessoas em termos de auto-estima. Toda interação surte algum efeito na auto-estima das pessoas envolvidas. Muitas de nossas interações têm a intenção de apoiar nossa auto-estima. Por exemplo, gostamos de ser vistos positivamente, portanto evitamos ofender as pessoas e, às vezes até mesmo evitamos contar-lhes notícias ruins ou de ser honestos em relação aos erros que cometemos. Muitas pessoas tendem a culpar as circunstâncias ou as pessoas pelos erros. Esta é uma tentativa, em parte, de preservar a auto-estima.

Quando vemos a interação em termos de auto-estima, podemos ver duas intenções ocultas em nosso comportamento. Podemos nos relacionar defensivamente – agindo primariamente para proteger nossos sentimentos de auto valorização de um perigo real ou imaginário – ou agindo abertamente – compartilhando nossos verdadeiros sentimentos e sendo abertos com os sentimentos alheios. Em toda interação podemos notar até que ponto somos abertos ou defensivos. Quando visualizamos a nós mesmos, agindo defensivamente, precisamos ver do que estamos tentando nos proteger. Muitas vezes, estamos nos defendendo de uma ameaça muito mais imaginária do que real.

As pessoas trabalham melhor quando as pessoas a seu redor confirmam o seu valor e utilidade. Quando as pessoas que nos cercam apóiam nossa auto-estima, sentimo-nos mais confiantes e nos tornamos mais abertos e eficientes. Uma grande parte do estresse e esgotamento que ocorrem nos locais de trabalho (e nas famílias) origina-se das interações que não validam a auto-estima.

Locais defensivos são ineficientes, tanto em conclusão de trabalho quanto no apoio ao bem-estar pessoal. É assim que acontece: as pessoas não apóiam o valor alheio. Elas criticam, caluniam e evitam elogiar os demais. Todos sentem-se mal e tornam-se ainda mais defensivos – retendo informações importantes, encobrindo problemas e erros e evitando a responsabilidade. Ao longo do tempo, as pessoas começam a se sentir mais destituídas, desprestigiadas, sozinhas e frustradas. As coisas só pioram cada vez mais.

Outro tipo de resultado acontece quando uma determinada pessoa em um grupo de trabalho começa a estabelecer interações que validam e apóiam a auto-estima alheia. A pessoa que apóia os outros recebe melhores respostas das pessoas que a rodeiam, que, por sua vez, se sentem melhor e realizam um trabalho mais eficiente. A confiança vai se acumulando e as pessoas começam a ser mais participantes e confirmadoras entre si.

Capítulo 4: Auto-Renovação: Voltando a Ter Contato Consigo Mesmo

EXERCÍCIO 19

Neste exercício, você explorará sua noção pessoal de identidade. Demore algum tempo para responder à pergunta "Quem sou eu?".

- Anote, no mínimo, vinte respostas variadas – relacione funções, sentimentos, coisas que você gostaria de fazer, qualidades que refletem seus aspectos essenciais.

1. _____
2. _____
3. _____
4. _____
5. _____
6. _____
7. _____
8. _____
9. _____
10. _____
11. _____
12. _____
13. _____
14. _____
15. _____
16. _____
17. _____
18. _____
19. _____
20. _____

EXERCÍCIO 19 (Continuação)

- Olhe para sua lista. Note que não existe uma única definição ou resposta que abranja tudo que você é. Você é muito mais do que todas essas respostas.

- Leia a lista novamente. Renumere as respostas por ordem de importância para você.

- Que respostas definem mais a sua essência?

_____
_____
_____

- Que respostas são menos importantes?

_____
_____
_____

- Veja cada resposta novamente, começando pela mais importante. Onde, como e quando você expressa essas qualidades ou aspectos de si mesmo? Pense em outras formas de expressar cada uma dessas qualidades. Tome nota delas.

_____
_____
_____

O nível até o qual o ambiente suporta a auto-estima das pessoas que nele vivem é vital para o valor pessoal e também para sua eficiência. As coisas que sustentam o sentimento de valor e bem estar psicológico das pessoas também encorajam a saúde e desempenho otimizado.

EXPLORANDO A NÓS MESMOS

Você pode pensar em cada aspecto de si mesmo e de sua personalidade como diferentes individualidades. Isto é, você pode escolher uma qualidade ou aspecto e explorá-lo como se ele fosse um ser dentro de você. Em vez de visualizar a si mesmo como um bloco unificado, é mais realístico pensar em si mesmo como uma espécie de confederação flexível composta por diferentes individualidades, cada qual com seu lugar e propósito próprios.

O filósofo James Ogilvy e o psiquiatra Robert Jay Lifton apontam que, ao invés de olhar para uma única identidade central, as pessoas tendem a ver a si mesmas como Lifton chamou de "grupo-pró" – pessoas multifacetadas, pluriindividualizadas que estão fluindo e se desenvolvendo de novas maneiras.

Podemos esperar trocar de emprego muitas vezes em nossas vidas, e até mesmo manter diferentes relacionamentos íntimos, viver em locais diferentes e ter uma variedade de envolvimentos e interesses.

Uma forma de separar nossas diversas identidades é através dos diferentes aspectos da experiência consciente. Temos diversos modos de vivenciar a nós mesmos e ao mundo. Estes modos incluem a noção do corpo, o pensamento, o sentimento e a ação.

EXERCÍCIO 20

Reserve agora um momento para voltar sua atenção para seu interior e veja que recebe sensações diretas de seu corpo, que você também possui pensamentos e sentimentos, e pode agir e vivenciar seu comportamento e suas conseqüências.

- Pense em como e onde você experimentou cada uma dessas individualidades que existem em você. Quais delas lhe soam mais familiares?

_____
_____
_____
_____

- Quais são menos usadas?

_____
_____
_____
_____

EXERCÍCIO 20 (Continuação)

- Como você pode explorar seu corpo, seu pensamento, seus sentimentos e seus modos de agir?

  _____
  _____
  _____
  _____

- Pense nos diferentes aspectos de seu cotidiano. Quando estas individualidades vêm à tona?

  _____
  _____
  _____
  _____

- Quais delas você poderia consultar com mais freqüência ou observar mais?

  _____
  _____
  _____
  _____

Para muitos de nós, especialmente aqueles que enfrentam problemas relacionados ao estresse, as dificuldades se originam da negligência à individualidade corporal ou sentimental. Pense em maneiras de prestar mais atenção a estas aspectos de sua personalidade que você está esquecendo.

A pressão, a angústia, a insatisfação e o esgotamento podem resultar de uma vida que reflete apenas uma pequena porção de quem você é. Por exemplo, uma pessoa que possua um emprego rotineiro e uma vida familiar rica, ou esteja envolvido em uma variedade de atividades comunitárias e tenha um hobby complexo e absorvente, provavelmente sentirá menos exaustão e insatisfação no trabalho do que a pessoa que tenha pouco o que fazer quando não está no trabalho. Quanto mais nos expressarmos e quanto mais mostrarmos nossas qualidades e potenciais, menos frustrados e esgotados nos sentiremos.

Capítulo 4: Auto-Renovação: Voltando a Ter Contato Consigo Mesmo

EXERCÍCIO 21

Faça um retrospecto de sua vida e lembre de coisas que você tem feito, coisas que você às vezes pensou que gostaria de fazer, que parou de fazer e que nunca fez. Lembre-se de como se sentiu fazendo estas coisas ou o quanto você queria fazê-las.

- Pergunte-se o porquê de não fazê-las, ou de ter parado de fazê-las. Você pode pensar: "não tenho tempo para isso" ou "não tenho companhia para fazer isso" ou outra desculpa do gênero.

- Agora imagine como sua vida poderia ser enriquecida e ampliada com a inclusão de algumas dessas atividades.

- Relacione diversas atividades que você poderia iniciar.

_____
_____
_____
_____
_____
_____
_____
_____
_____
_____
_____

Existem dificuldades envolvidas na realização de sua natureza multifacetada. A vida não se torna mais rica apenas porque temos mais atividades. Precisamos encontrar equilíbrio e fazer escolhas sobre nossa maneira de nos expressar e agir de acordo. O tempo e a vida são finitos, enquanto nossos interesses e possibilidades são infinitos. Precisamos fazer escolhas e estabelecer limites.

Alguns dos conflitos em nossas vidas são causados pelas diferenças entre o real e o impossível, entre a forma que aparentamos e a que somos. Quando estas diferenças ficam grandes demais, o desnível entre elas pode se tornar fonte de angústia.

EXERCÍCIO 22

Abaixo está uma lista contendo alguns tipos de diferença que levam ao conflito.

- Relacione em cada lado da página algumas frases que o descrevem junto com aquela dimensão:

DESCREVA-SE

Eu no trabalho:
___
___
___

Eu em casa:
___
___
___

Funções que executo:
___
___
___

Quem sou verdadeiramente:
___
___
___

Como os outros me enxergam:
___
___
___

EXERCÍCIO 22 (Continuação)

Como vejo a mim mesmo:
_____
_____
_____

Como eu sou:
_____
_____
_____

Como eu gostaria de ser:
_____
_____
_____

- Enquanto você nota as diferenças entre as dimensões, imagine como seria se cada uma dessas áreas fosse compatível.
- Que atitudes você poderia adotar a fim de se tornar mais integrado?
  _____
  _____
  _____
- Essas mudanças valem a pena, em sua opinião?
  _____

MITOS E FUNÇÕES

Muitas pessoas geram estresse quando mantêm expectativas irreais acerca de si mesmas. Elas esperam atingir o impossível. Uma pessoa pode estar avaliando seu comportamento em termos "ideais". Por exemplo, ela pode dizer que o bom funcionário sempre deveria concluir todo o trabalho que lhe foi delegado, ou um bom marido sempre deveria estar pronto a ajudar com as coisas da casa ou um amigo deveria sempre estar à disposição para ajudar uma pessoa aborrecida. O mito de como o funcionário, chefe, parente, esposa ou amigo "deveria ser" nos leva a esperar mais do que temos a oferecer, ou leva-nos a criticar nossos esforços por serem inadequados.

EXERCÍCIO 23

- Anote suas principais funções ou identidades – no trabalho, na família ou na comunidade.

  _____
  _____
  _____
  _____

- Para cada função, anote algumas das coisas que você espera fazer nesta posição.

  _____
  _____
  _____
  _____

- Pergunte a si mesmo se isto é o que você espera de si nestas funções. E, caso você erre por pouco, o que diria ou faria consigo mesmo?

  _____
  _____
  _____
  _____

Grande parte de seu estresse diário origina-se de não alcançar suas expectativas. Geralmente esperamos de nós mesmos muito mais do que as pessoas do trabalho ou nossa família esperam.

ATRAVESSANDO A VIDA

A PESSOA EM ANDAMENTO

Vivemos o presente. Sim, neste momento somos o somatório de todas os fatos e experiências de nosso passado, e somos também determinados pela visão de nosso futuro, esperanças e metas. A primeira lição de auto-exploração e planejamento de vida exige que esqueçamos ligeiramente o presente e olhemos para nossa vida como um todo em evolução.

EXERCÍCIO 24

Este gráfico representa sua linha da vida. Todas as linhas da vida são diferentes – são formadas por diferentes acontecimentos, ações ou decisões. A margem esquerda do gráfico representa o seu nascimento, enquanto a direita representa sua morte. Entre as duas está a linha do "agora".

Sua linha da vida

NASCIMENTO	AGORA	MORTE

- Desenhe a linha da vida conforme as instruções a seguir, a lápis (para que você possa modificar): anote os fatos importantes em sua vida – alterações marcantes, transições, crises, mudanças, doenças – desde o seu nascimento até hoje.

Anote os fatos positivos ou excitantes no alto do gráfico e os fatos estressantes ou negativos na base do gráfico. Você está

> **EXERCÍCIO 24 (Continuação)**
>
> anotando os altos, baixos e mudanças em sua vida até agora. Inclua os fatos que acontecem com você, bem como os fatos importantes ocorridos com sua família e, caso queira, fatos sociais e políticos relevantes.
>
> Desenhe uma linha vinculando os fatos, de cima a baixo, para representar o clima emocional e progressão em sua vida.
>
> Divida sua vida em séries de fases ou períodos que façam sentido para você. Por exemplo, sua educação escolar, seu primeiro casamento, emprego ou tempo vivendo em algum lugar.
>
> Agora imagine futuros possíveis. Anote aquele que você gostaria de viver entre as linhas do "hoje" e de sua morte, com acontecimentos hipotéticos importantes.
>
> Continue sua linha da vida projetando-se no futuro.
>
> Quantas das ações que moldaram sua linha da vida resultaram de escolhas feitas por você, e quantas destas escolhas foram feitas por terceiros?
>
> _____
>
> _____
>
> _____
>
> Existe alguma evidência de ação que você tenha praticado sem tomar realmente uma decisão – ou seja, algo que você fez simplesmente porque era o que se esperava de você?
>
> _____
>
> _____
>
> _____
>
> Insira os seguintes símbolos ao longo de sua linha da vida. Coloque um ! onde você correu maiores riscos. Insira um X onde você encontrou um obstáculo impedindo-o de obter ou fazer o que desejava. Use um O para apontar uma decisão crítica que foi tomada por outra pessoa em seu lugar. Coloque um + no lugar da melhor decisão que você tomou em toda a sua vida e um – na pior decisão que você já tomou. Por fim, coloque um ? onde você enxergar que futuramente surgirá uma decisão crucial ou importante.

Capítulo 4: Auto-Renovação: Voltando a Ter Contato Consigo Mesmo

EXERCÍCIO 24 (Continuação)

Agora considere sua linha da vida cuidadosamente, complete com os símbolos:

Você aprendeu algo que o surpreendeu?

_____
_____
_____

Como as decisões afetaram a forma de sua linha da vida?

_____
_____
_____

Você realmente tomou as decisões que afetaram sua vida?

_____
_____
_____

OBJETIVOS DE VIDA

Imagine que você está enfrentando uma situação difícil e estressante em seu trabalho ou na família que seja importante e significativa para você. Qualquer que seja a situação, certamente você encontrará a energia para enfrentar o problema e fazer o melhor para solucioná-lo. Agora imagine que você possui em emprego ou vive com pessoas cujos princípios ou objetivos não coincidem com os seus. Esta luta com a situação estressante será muito maior.

O fenômeno da exaustão tem muitas raízes. Uma é até que ponto o lugar em que você trabalha ou as pessoas com quem vive compartilham de seus objetivos. A segunda, existe um ponto até o qual você sente que é capaz de perseguir ativamente estes objetivos. Você tem uma sensação de poder?

Uma das principais causas da exaustão e da incapacidade de administrar o estresse é trabalhar ou viver em um local onde não existam objetivos claros ou sentimento de capacidade de atingir suas metas. Uma situação é acolhedora quando todas as pessoas que ali trabalham ou vivem possuem uma grande área de comprometimento e metas comuns, e quando todas elas estão envolvidas com estas metas.

Quando as metas individuais estão bastante afastadas das metas coletivas (por exemplo, as pessoas estão trabalhando apenas por seus salários, sem se preocuparem com o que a empresa produz), o resultado é o esgotamento e aumento de estresse, ficando mais difícil de se organizarem as energias para superar as dificuldades.

Algumas pessoas possuem objetivos de vida e ainda não sentem que possuem o poder de alcançá-los. Ou se sentem bloqueados pelo ambiente. Às vezes, se não podemos atingir nossos objetivos em um setor, devemos tomar a decisão de ir embora e tentar em outro lugar. Em outras ocasiões, devemos correr riscos para fazer mudanças. Alguns riscos dão certo, outros não. No entanto, quando nos sentimos desamparados e não introduzimos mudanças para atingir nossos objetivos, a estagnação resultante produz muito mais estresse e esgotamento.

Agora faça o Exercício 25, seu Levantamento Pessoal.

EXERCÍCIO 25: LEVANTAMENTO DE OBJETIVOS PESSOAIS

Em cada setor de sua vida, quais são seus principais objetivos específicos? Tente ser objetivo. Não pense em como deseja se sentir (feliz, desafiado...), mas sim naquilo que você deseja que aconteça nos próximos anos e como isso ocorreria. Relaxe e imagine um futuro daqui a alguns anos, em que você estará caminhando em direção a seus objetivos. Quanto mais detalhes você puder visualizar de seu futuro, mais probabilidade você terá de descobrir formas de realizá-lo. Anote-os na coluna de Objetivos Específicos no quadro abaixo.

Pense nos maiores obstáculos para concretizar suas metas. Geralmente, eles estão ocultos no ambiente, ou você encontra resistência das pessoas à sua volta. Pense nitidamente nestes obstáculos específicos para realizar o que deseja. Anote-os na coluna referente aos Obstáculos à sua concretização.

Imagine diversos passos imediatos e ativos que você pode percorrer para se fortalecer e começar a trabalhar para superar os obstáculos. Seja concreto e específico. Anote-os na coluna referente aos Passos a serem Seguidos para Conseguir.

Setor da vida: *Emprego atual*

Objetivos específicos:

EXERCÍCIO 25 (Continuação)

Obstáculos à sua concretização:

_____

Passos a serem seguidos para conseguir:

_____

Setor da Vida: *Carreira*

Objetivos específicos:

_____

Obstáculos à sua concretização:

_____

Passos a serem seguidos para conseguir:

_____

Setor da Vida: *Família*

Objetivos específicos:

_____

Obstáculos à sua concretização:

_____

Passos a serem seguidos para conseguir:

_____

Setor da Vida: *Amizades*

Objetivos específicos:

_____

Obstáculos à sua concretização:

_____

Passos a serem seguidos para conseguir:

_____

Setor da Vida: *Espiritual/Religioso*

Objetivos específicos:

_____

EXERCÍCIO 25 (Continuação)

Obstáculos à sua concretização:

Passos a serem seguidos para conseguir:

Setor da Vida: *Diversão*
Objetivos específicos:

Obstáculos à sua concretização:

Passos a serem seguidos para conseguir:

Setor da Vida: *Crescimento Pessoal*
Objetivos específicos:

Obstáculos à sua concretização:

Passos a serem seguidos para conseguir:

Setor da Vida: *Comunidade/política*
Objetivos específicos:

Obstáculos à sua concretização:

Passos a serem seguidos para conseguir:

Setor da Vida: *Outras áreas*
Objetivos específicos:

EXERCÍCIO 25 (Continuação)

Obstáculos à sua concretização:

_____

Passos a serem seguidos para conseguir:

_____

_____

Quanto medo você tem, considerando os riscos a serem assumidos para atingir seus objetivos? A incapacidade de formular e trabalhar em direção às metas pessoais gera estresse porque ele subtrai da pessoa uma razão para superar os desafios e lidar com a frustração. Quanto mais expressiva for a meta, mais energia vital e apoio a pessoa precisará reunir a fim de superar a dificuldade.

EQUILIBRANDO ENERGIA E CONFLITO

Trabalho e família

Os maiores e mais difíceis conflitos pelos quais muitos de nós iremos passar são aqueles relacionados ao trabalho e à família. Eles assumem duas formas: primeiro temos que dividir nossas prioridades, compromissos, tempo e energia entre o trabalho e a família/envolvimentos pessoais; segundo, existem conflitos entre os membros de uma casa, especialmente no tocante aos diferentes níveis de comprometimento de um casal com o trabalho ou a família.

Todo conflito gera pressão e angústia. Geralmente, não podemos encontrar uma maneira de ficarmos totalmente satisfeitos, ou satisfazermos a nós mesmos e ao cônjuge. Além disto, as recentes modificações nas funções dos sexos, tal como a reestruturação das expectativas domésticas, das responsabilidades paternas e as mulheres invadindo as áreas de trabalho anteriormente privativas dos homens têm exigido até mesmo a renegociação de velhos acordos e soluções.

Tragicamente, os trabalhadores sempre colocam sua família e relações pessoais em último lugar de sua escala de prioridades. Ademais, as pessoas bem-sucedidas na administração do estresse e na manutenção da saúde são sempre aquelas que dão prioridade à sua vida pessoal e familiar, sendo capazes de dizer "não" às exigências externas.

EXERCÍCIO 26: EXPLORANDO SEU GRAU DE COMPROMETIMENTO ENERGÉTICO

Indique no gráfico abaixo a quantidade de energia e tempo que você destina ao trabalho, à diversão e aos relacionamentos com os amigos, com a família e consigo mesmo.

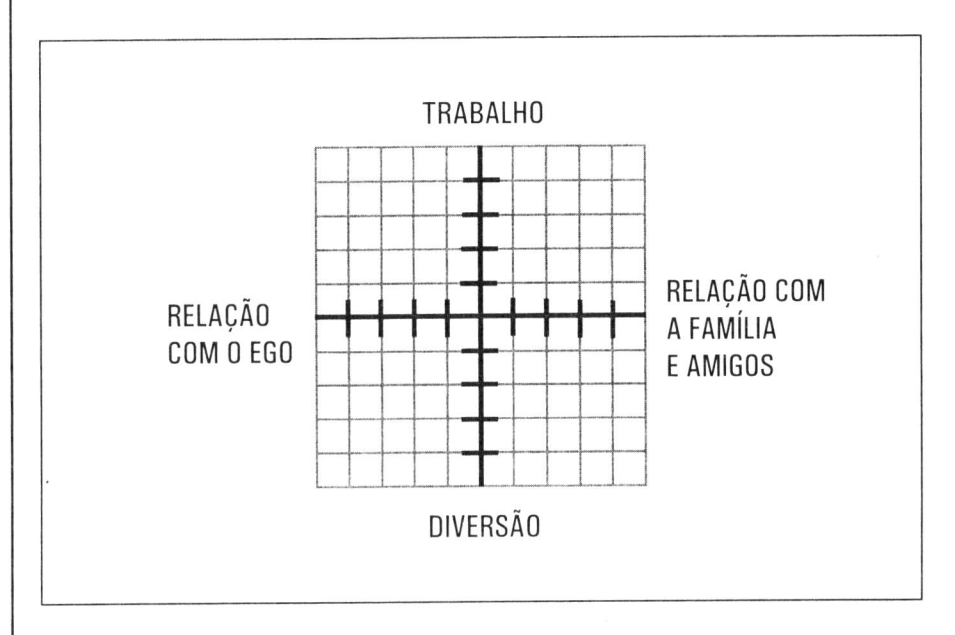

```
              TRABALHO

RELAÇÃO                    RELAÇÃO COM
COM O EGO                  A FAMÍLIA
                           E AMIGOS

              DIVERSÃO
```

Agora, indique quanta energia você gostaria de dedicar a cada uma dessas áreas.

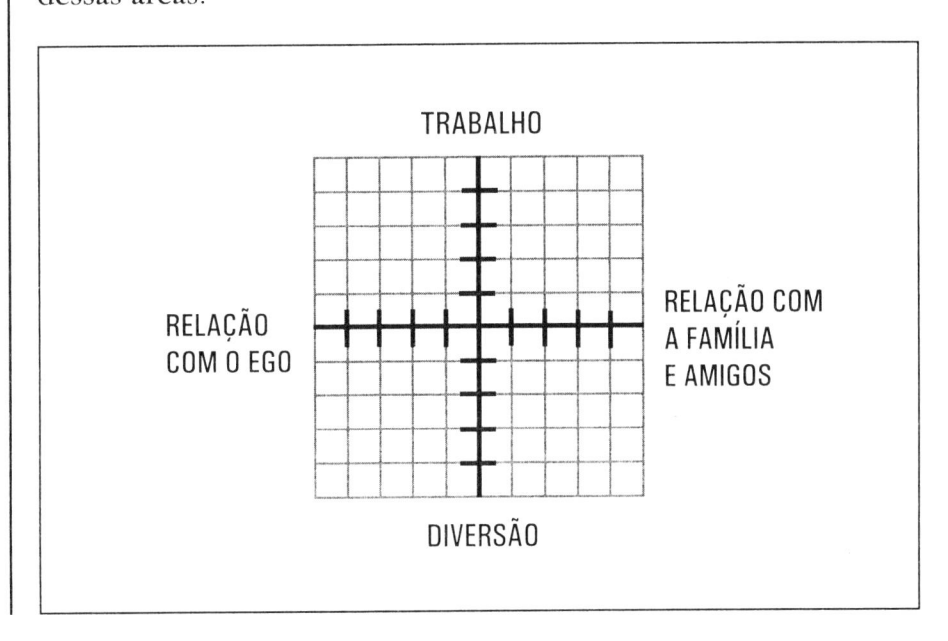

```
              TRABALHO

RELAÇÃO                    RELAÇÃO COM
COM O EGO                  A FAMÍLIA
                           E AMIGOS

              DIVERSÃO
```

Capítulo 4: Auto-Renovação: Voltando a Ter Contato Consigo Mesmo

EXERCÍCIO 26 (Continuação)

Anote algumas das atividades que você pratica em cada setor de sua vida. Então, acrescente algumas daquelas que você gostaria de fazer ou pensa que poderia gostar de praticar.

```
                    _____
                    _____
                    _____
                    _____
                    _____
                    _____
                    _____

                       TRABALHO
   _____      ┌───────────┐      _____
   _____      │           │      _____
   _____      │           │      _____
   _____    E │           │ O    _____
   _____    G │           │ U    _____
   _____    O │           │ T    _____
   _____      │           │ R    _____
                   │           │ O
                   │           │ S
                   └───────────┘
                       DIVERSÃO
                    _____
                    _____
                    _____
                    _____
                    _____
                    _____
                    _____
```

EXERCÍCIO 27: EQUILÍBRIO DE ENERGIA

O conceito essencial dos cuidados consigo próprio é o equilíbrio. Nossas variadas necessidades devem estar equilibradas e nossas necessidades devem ser contrabalançadas com as outras.

Assim como qualquer organismo, o ser humano é um sistema que troca energia com seu ambiente. Recebemos várias formas de energia – ar, alimento, experiência e contato com os outros – e também a emitimos – exalação, excreção, comunicação, ação e apoio pessoal.

Quando examinarmos nosso equilíbrio energético, precisamos explorar os variados modelos de ação a que aderimos. A atividade difere de acordo com a fonte da motivação e também com a direção que segue. A fonte pode ser *intrínseca* – fazer coisas porque desejamos, ou *extrínseca* – fazer coisas porque sentimos que deveríamos, temos que ou precisamos fazê-las. A direção da atividade pode ser *doando* – fazer coisas para os outros – ou *recebendo* – permitir que outros façam coisas para nós e por nós.

Nenhum desses modelos é, em si, certo ou errado, saudável ou doente. Em vez disso, as pessoas que se sentem bem consigo mesmas e administram o estresse bem possuem todas as áreas energeticamente equilibradas.

Insira suas atividades regulares nos quadrantes apropriados abaixo. Veja que áreas predominam em sua vida e quais são menos utilizadas.

Recebendo
Coisas feitas pelos outros para você:

Intrínsecas
Coisas que você faz porque deseja:

Extrínsecas
Coisas que você faz porque "deveria", "tem que", "precisa fazer":

Doando
Coisas que você faz para os outros:

Capítulo 4: Auto-Renovação: Voltando a Ter Contato Consigo Mesmo

A outra área de conflito, geralmente mais séria, é o casal. Cada um tem uma interpretação ou necessidade de tempo passado juntos, e cada um possui diferentes prioridades. É difícil equilibrar duas carreiras ou encontrar tempo para passar juntos quando algum deles está na correria do trabalho. Os casais que resolvem esse dilema são claros e abertos quanto às necessidades e compromissos do outro, compartilham informações e sentimentos e são flexíveis no comprometimento ou procura por algo mais que soluções, em que uma parte ganha, enquanto a outra perde.

ATUAL EXPLORAÇÃO DA VIDA

Como parte de seu planejamento de vida e processo de auto-renovação, explore seu lugar no momento e olhe adiante para algumas escolhas e mudanças que você poderá desejar introduzir. Os Exercícios 25, 26 e 27 serviram como guias para suas reflexões acerca de sua situação de vida atual.

As perguntas a seguir permitem que você anote alguns de seus pensamentos sobre cada tema – você não precisa dar uma resposta completa; a vida está em constante mutação. A finalidade é fazer com que os sentimentos acerca de sua vida fiquem mais explícitos e definir algumas áreas e dimensões de sua vida que precisam de energia renovada ou ter seu compromisso redefinido.

- Quais são meus atuais interesses e preocupações?
- Quais são, no momento, as maiores pressões sobre mim? Quando eu as sinto? O que devo fazer a esse respeito?
- O que está mudando em minha vida?
- Quais são os maiores valores ou objetivos que eu gostaria de atingir em minha vida?
- Quais são as maiores compensações ou recompensas que estou buscando em minha vida?
- Que experiências intensas, gratificantes e profundamente significantes eu já tive? Que tipos de experiências máximas eu gostaria de ter no futuro?
- Quais são as maiores restrições ou limites que eu enfrento atualmente em minha vida que dificultam a conquista das recompensas, metas e experiências que busco?

- Quais são os maiores obstáculos que me impedem de obter o que desejo na vida? (Divida-os em obstáculos que residem em você mesmo e os do mundo externo. Pense em algumas formas de você mudar ou reduzir a força destes obstáculos).

- O que faço bem? Relacione.

- O que faço mal? Será que eu gostaria de aprimorar minha habilidade nestas áreas ou parar de fazer estas coisas?

- O que eu gostaria de não fazer mais?

- O que eu gostaria de começar a fazer ou aprender a fazer?

- Quais são as metas centrais em minha vida no momento? Quais eram as minhas metas cinco anos atrás? O que penso serem meus objetivos daqui a cinco anos?

- Quais das atividades que realizo regularmente eu espero praticar com menos freqüência nos próximos anos? Que coisas novas eu espero ter que fazer ou desejar fazer?

- Qual é a mudança ou crise mais relevante que eu espero enfrentar na próxima década?

- Qual é a escolha mais importante que eu terei que fazer nos próximos anos?

- Que setor de minha vida (trabalho, família, amigos, ego) é o principal no momento? Nos próximos cinco anos, que setores espero que se tornem mais ou menos importantes em minha vida?

- Que futuro ideal posso antever? (imagine o que você gostaria de viver, o que você gostaria de fazer e quem ou que tipo de pessoa com quem você gostaria de fazer estas coisas).

- Projete-se para algum tempo adiante em que você já terá morrido. Escreva seu obituário da forma que a pessoa mais próxima a você escreveria. Pelo que você gostaria de ser lembrado? Que espécie de conquistas você espera ter atingido?

EXPLORAÇÃO DA CARREIRA

Agora pare um momento para concentrar-se no papel que a carreira exerce em sua vida.

- Que aspectos de minha carreira me agradam mais ou considero que são mais importantes?

- Que aspectos de minha carreira eu gosto menos?

- Que parte de meu trabalho eu considero ser meu maior desafio?

- Que técnicas, talentos e habilidades eu introduzo em meu trabalho?

- Que técnicas, talentos e habilidades meu trabalho poderia me ajudar a desenvolver?

- O que espero de meu trabalho, que benefícios e recompensas?

- O que me levou a escolher o tipo de trabalho que executo? Que valores e sentimentos pessoais me conduziram a este tipo de trabalho?

- Em que grau o meu trabalho tem sido insatisfatório ou minha satisfação com ele diminuiu?

- Que novas áreas, técnicas e estilos de trabalho eu gostaria de seguir? O que me impede de seguir uma dessas direções?

- Qual é a maior frustração e dificuldade em meu trabalho? Que detalhe eu mais gostaria de modificar em meu trabalho?

INTRODUZINDO MUDANÇAS EM SUA VIDA

Não existe um grupo simples de instruções para realizar um processo pessoal de mudança. Algumas pessoas podem refletir e, depois, começar a planejar e implementar mudanças. Outras trabalham com pessoas mais próximas a elas – família e amigos – para criar mudanças. Um terceiro grupo vive vacilando, porque não deixam nítido o que desejam mudar ou porque não conseguem encontrar energia para motivá-los a começar.

A mudança representa um compromisso profundo e uma decisão conseqüente. Não deve ser feita por impulso ou começada rápido demais. Primeiro, escolha um setor de sua vida que você gostaria de mudar. Depois, passe algum tempo, assim como já fez com outras áreas, imaginando as possibilidades alternativas de forma concreta e específica. Quando você visualizá-las completamente, começará a ver as conseqüências e ter a oportunidade de vivenciar como seria a mudança projetada em sua vida. Muitas vezes, o processo de visualização o auxilia a ver conseqüências involuntárias ou a falta de clareza em suas decisões ou planos.

A geração de possibilidades e direções alternativas, uma espécie de relação de possíveis caminhos, é essencial à mudança. Em geral, se simplesmente nos situarmos fora da rotina que as coisas seguem atualmente e visualizarmos ou pensarmos em como as coisas podem ser diferentes, será um ato altamente criativo. Vemos coisas que nunca vimos antes. Enquanto você gera alternativas, deixe-as fluírem sem criticá-las. Quando você possuir uma longa lista de possibilidades, tente explorar suas possíveis conseqüências e resultados. Com freqüência, essa parte do planejamento e mudança pode ser mais bem feita com as pessoas mais próximas a você.

Os métodos de mudança dependem de você. Muitas pessoas usam o aconselhamento pessoal ou a psicoterapia. Muitos dos exercícios e técnicas contidas neste livro derivam de processos terapêuticos. Os processos mais modernos de psicoterapia contêm o modelo de crescimento do potencial humano citado no início deste capítulo, encarando o aconselhamento como um guia pessoal para ajudar pessoas a alcançarem seu potencial e criatividade inigualáveis.

A mudança não requer aconselhamento ou terapia. Ela requer uma decisão clara e uma vontade pessoal de correr riscos e tentar um comportamento novo. Ela geralmente envolve a prática de novas habilidades e a aprendizagem de novos métodos de reagir, como você já praticou neste livro. Devido à variedade de possibilidades e das alterações de solicitações em nossas vidas, uma pessoa que não aceita bem a mudança e não aprende coisas novas ficará seriamente prejudicada.

Capítulo 5

HARMONIZAÇÃO: TÉCNICAS PARA A OBTENÇÃO DO RELAXAMENTO E DO BEM-ESTAR FÍSICO

O corpo, assim como a empresa, é um sistema auto-regulador. Tanto o sistema físico quanto o organizacional possuem fronteiras com o mundo externo, possuindo também processos internos que gerenciam o fluxo de materiais, recursos, serviços e informações. Ambos os sistemas se desenvolvem e crescem mais ao longo do tempo e são constantemente ameaçados pela mudança. Uma pessoa ou empresa podem agir auto-destrutivamente, causando danos pela ação ineficaz e, quem sabe, até morrer. Os dois sistemas precisam crescer e se desenvolver, mantendo-se e renovando-se ao mesmo tempo.

O segredo da auto-renovação, ocorrendo dentro da empresa ou no interior da pessoa, reside no nível da conscientização das ameaças e as estratégias para lidar com elas. Os organismos devem estar vigilantes e cuidar de si próprios. Fisiologicamente isto importa em cuidar de todos os sistemas físicos, reabastecendo-os com descanso e energia, intercambiando energia e recursos com outras pessoas, e ficando cientes da dificuldade cedo o bastante para exercer a ação corretiva. Enquanto muitas pessoas sabem como fazer estas coisas em nível empresarial – usando o planejamento estratégico, pesquisa de mercado e controle de qualidade para permanecer ciente – eles não exercem o mesmo cuidado e conscientização no que se refere a seus corpos.

Se não estivermos conscientes das pequenas flutuações de um sistema, eles crescem. Considere, por exemplo, o acúmulo de tensão muscular durante o estresse. Os músculos ficam cronicamente tensos ao longo do dia, e nos tornamos cada vez menos sensíveis a esta tensão. Vamos para casa e fazemos algum movimento que normalmente seria corriqueiro, e acidentalmente contraímos a coluna.

A contração foi causada por mover a mesa ou por falta de conscientização e reação corretiva em liberar a crescente tensão?

Precisamos prestar atenção às mensagens que nosso corpo envia para manter a saúde e usar nossos recursos naturais fisiológicos para resistir ao estresse, superar o esgotamento e prevenir doenças. Conseqüentemente, o estresse e o esgotamento são extremamente previsíveis.

A primeira linha de defesa contra os sintomas físicos causados pelo estresse são os cuidados constantes com o corpo. O corpo deve ser mantido flexível, descansado, reativo, energizado, consciente de si mesmo e preparado para enfrentar as solicitações. Isso significa dormir bem, alimentar-se bem, exercitar-se e liberar a tensão que se acumula diariamente através de técnicas de relaxamento.

BEM-ESTAR, DOENÇA E TENSÃO

Uma vida saudável, vibrante, criativa e gratificante está a nosso alcance. Como permanecemos saudáveis? A primeira providência das pessoas é contratar um plano de saúde. Se você fica doente, deseja estar certo de que os melhores e mais modernos especialistas e técnicas da medicina estão à disposição. E você deseja ter certeza de que salvar a sua vida não vai arruinar sua prosperidade ou o futuro financeiro de sua família.

Enquanto refletimos mais profundamente sobre nossa saúde, vemos que ser saudável é muito mais do que a simples ausência de doença. A saúde envolve um sentimento de vitalidade, de energia, de capacidade de fazer o que desejamos, de envolvimento em atividades relevantes. Em resumo, a saúde envolve a qualidade total em nossas vidas.

A questão que cada um de nós enfrenta é o quanto a nossa saúde está sob nosso controle. Será que a saúde, a prosperidade ou a sabedoria é uma mera questão de sorte ou é o resultado dos fatores que estão além do nosso controle? Não. Sua saúde depende de você.

A BUSCA DO BEM-ESTAR

Apesar de ser verdade que nosso corpo é, até certo ponto, um campo de batalha para forças opostas, estamos constantemente nos enfraquecendo quando minamos nossa capacidade de resistir à doença e ignoramos displicentemente os perigos que surgem em nossas vidas.

A maioria das doenças é previsível e a maior parte do estresse diário é gerenciável. Dor, doenças cardiopáticas, úlceras e, até mesmo, câncer, que arruínam nossas vidas, ameaçam nosso vigor e podem acabar nos matando, são quase sempre desnecessários. Enquanto podemos ainda morrer de ataque cardíaco ou de câncer, há crescente evidência de que podemos adiar a morte ou antecipá-la em relação aos planos da natureza. Até certo ponto, a saúde ou a doença é uma escolha que cada pessoa faz.

EXERCÍCIO 28: AVALIANDO SEU PRÓPRIO BEM-ESTAR

Como você avaliaria seu nível geral de bem estar, seu estado de vitalidade, de saúde e bem-estar? Agora faça o Exercício 28. Quando tiver terminado, você terá formado um panorama de seu bem-estar agora e no futuro previsível.

BAIXO								ALTO
RUIM	1	2	3	4	5	6	7	EXCELENTE

Reflita sobre as coisas em sua vida que o impedem de estar tão bem quanto você gostaria – os obstáculos para a saúde ideal. Relacione no mínimo cinco coisas, a começar por aquelas que mais atrapalham sua saúde.

1. _____

2. _____

3. _____

4. _____

5. _____

Veja sua lista e pense até que ponto estes obstáculos à sua saúde e bem-estar estão sob o seu controle. Isto é, existem coisas que você poderia fazer para evitar que eles lhe causem prejuízos ou para eliminá-los de sua vida? Faça um círculo em torno dos itens da lista que você sente que poderia mudar ou superar.

SINTOMAS DO ESTRESSE

É fácil saber quando estamos sob um estresse excessivo. Sintomas menores como dores de cabeça, insônia, dificuldades intestinais ou tensão muscular são sinais de que as pressões se acumularam em níveis perigosamente altos. Às vezes, estes sintomas são a resposta a exigências incomuns e crises que logo serão superadas – um prazo final, uma prova, um novo emprego ou um conflito familiar. No entanto, muitas pessoas enfrentam tanta pressão diária que os sintomas comuns do estresse se tornam uma maneira de viver. Eles se disseminam através de sintomas físicos ou desgaste emocional com regularidade – às vezes todos os dias. Caso estes sintomas não sejam cuidados, doenças mais sérias irão se desenvolver, pois o corpo gradualmente se desgasta com a pressão.

A Avaliação nº 10 relaciona sintomas físicos e emocionais que se devem parcialmente ao combate ineficaz ao estresse. Relembre o último mês. Com que freqüência você sentiu cada sintoma? Se você descobrir que sente um determinado número de sintomas toda semana, você precisa fazer alguma coisa a respeito. É claro que é importante notar que, desde que esses sintomas estejam normalmente associados ao estresse excessivo, a presença de um sintoma pode indicar também alguma doença específica que pode ter pouca relação com seu estresse diário. Caso apresente um sintoma físico ou emocional crônico, consulte um médico.

A presença de sintomas relacionados ao estresse é uma mensagem de seu organismo de que você não está lidando suficientemente bem com a pressão e as exigências de sua vida. Os sintomas são o ponto final de uma longa cadeia de acontecimentos que se relacionam com as exigências que lhe são impostas, seus pensamentos e sentimentos acerca delas e a maneira com que você reage a elas.

Sua relação com seu corpo

Quando permitimos que o estresse se acumule, demonstramos que estamos sem contato com nossos corpos. A dor pode ser interpretada como um grito emitido pelo corpo porque não prestamos atenção aos leves sinais anteriores de pressão ou fadiga. A dor é a insistência para que prestemos atenção às nossas próprias necessidades.

Agora separe um tempo para preencher os dois exercícios a seguir. Eles o ajudarão a estabelecer um relacionamento com o seu corpo:

- Como você se sente em relação ao seu corpo?
- Você gosta dele, não gosta ou não pensa muito nele?
- Quanta atenção e cuidados você tem dedicado ao seu corpo?
- Seu corpo é um amigo ou inimigo, uma fonte de prazer ou de dor e desconforto?
- Explore suas respostas a estas perguntas.

De forma geral, podemos descrever grupos de atitudes negativas/não-saudáveis ou positivas/saudáveis em relação a seu corpo:

Negativa: O corpo é ignorado, e não se permite que suas necessidades ou mensagens sejam conhecidas até que um sério colapso físico ou prejuízo tenha ocorrido. O corpo é visto como um inimigo, não é estimado e não se espera que ele tenha utilidade quando surgir uma crise. O corpo adoece por razões não-aparentes.

EXERCÍCIO 29

- Anote alguns de seus sentimentos e atitudes negativas em relação ao seu corpo:

_____
_____
_____
_____
_____
_____

Capítulo 5: Harmonização: Técnicas para a Obtenção do Relaxamento e do Bem-Estar Físico

Positiva: O corpo é um amigo, alguém que conhecemos bem e com quem podemos contar para nos ajudar sob circunstâncias normais. Se ficamos doentes, sabemos que temos os recursos para nos restabelecer e participamos do processo de cura. Escutamos os nossos corpos, respondemos a eles e respeitamos suas necessidades. O corpo é fonte de prazer e sentimentos positivos, que são partes essenciais de nossas vidas. Vivemos em nossos corpos tanto quanto vivemos em nossas mentes, e descobrimos que nossa vida é um equilíbrio entre duas influências, um trabalho em parceria.

EXERCÍCIO 30

- Anote alguns de seus sentimentos e atitudes positivas em relação a seu corpo:

_____
_____
_____
_____
_____
_____

A administração do estresse começa quando firmamos um compromisso com o desenvolvimento de uma atitude positiva em relação ao nosso corpo. Isso significa que usaremos nosso corpo para nos dar mais prazer, e respeitar sua sabedoria em nos avisar da dificuldade e do estresse assim como suas necessidades. Caso prestemos atenção aos nossos corpos, teremos percorrido um longo caminho para evitar que o estresse entre sorrateiramente em nossas vidas causando danos. Podemos localizar precocemente algumas dificuldades relacionadas ao estresse e revertê-las com rapidez.

QUANDO O ESTRESSE SE ACUMULA

Rememore a última vez que você teve uma dor de cabeça ou outro sintoma doloroso de estresse. Você estava ciente da tensão prévia que se acumulava em torno de seu crânio e têmporas?

É muito mais fácil prevenir a dor de cabeça do que livrar-se dela quando atinge um nível de dor severa. Caso possamos identificar os primeiros sinais, podemos fazer um intervalo – caminhar, sair, relaxar brevemente – e provavelmente evitá-la.

Podemos aprender a escutar nossos corpos, e quando reconhecermos os sinais de tensão, usarmos isto como um sinal para fazer algo a fim de nos reequilibrar ou mudar o ritmo. Com freqüência, reagimos aos primeiros sinais de estresse dizendo a nós mesmos que devemos nos esforçar mais, como se estivéssemos participando de uma corrida e pudéssemos vencer nossa dor de cabeça e concluir a tarefa. Pensamos que forçar a nós mesmos nos tornará mais eficientes, mas, na verdade, alguns intervalos curtos, até mesmo de três minutos, podem nos dar mais energia e capacidade renovada.

Explore o que seu corpo está dizendo a você neste momento. Cheque seu corpo diversas vezes por dia. Você pode ficar ciente das mensagens sutis de seu corpo – até mesmo, conforme um pesquisador demonstrou certa vez, a morte de uma de nossos bilhões de células nervosas! A consciência do corpo é a pedra fundamental dos cuidados consigo mesmo. Nenhum médico pode saber sempre quando algo está errado. Muitas enfermidades sérias são descobertas a tempo ou são evitadas por pessoas sensíveis a seus corpos.

Métodos ineficazes de administrar a tensão

No final de um dia estressante, todos nós temos maneiras de relaxar e nos desligarmos. Algumas delas são saudáveis e prazerosas – um piquenique com a família, um jogo de tênis ou uma tarde tranqüila com alguém que você gosta. As tensões diárias precisam ser descartadas ou então corremos o risco de permitir que as doenças vinculadas ao estresse se desenvolvam em nosso corpo enfraquecido pelo estresse – dores de cabeça crônicas, úlceras ou pressão alta, por exemplo. Ficamos suscetíveis a todo tipo de enfermidade quando não descarregamos nosso acúmulo diário de tensão.

Releia as atividades relacionadas na Avaliação nº 11. Infelizmente, muitas dessas atividades, que normalmente usamos para desestressar não são úteis. Algumas, como uma cerveja de vez em quando ou uma aspirina, provavelmente não causarão nenhum mal. Outras, como o cigarro, por exemplo, quase não ajudam a aliviar a tensão diária, mas rapidamente tornam-se hábitos que minam a sua saúde. O segredo é o equilíbrio. Qualquer hábito que usamos em excesso pode aumentar nosso estresse e mais tarde prejudicar nossa saúde.

MÉTODOS DE RELAXAMENTO

Temos explorado métodos ineficazes de alívio da tensão. Agora pense nas coisas positivas que você faz para relaxar. Não existe uma fórmula ideal para se relaxar. O relaxamento eficiente significa que, quando você está ciente da tensão que se acumula em seu corpo, você adota providências imediatas para devolver o equilíbrio e repouso a seu corpo. A tensão que se acumula pode ser física, mental ou uma combinação de ambos. Existem diversos tipos de atividades relaxantes.

DESCANSO E DISTRAÇÕES

Neste contexto, se incluem rápidos cochilos, leitura, ver filmes ou passar um tempo agradável com sua família. Descansos ou distrações são muito importantes; as pessoas que não sabem descansar e deixam que suas mentes absorvam o trabalho ou pressões, não têm saída por onde escapar ou aliviar sua tensão.

Exercício físico ativo

As pessoas precisam de exercício, ou então seus músculos deterioram, incluindo-se o músculo de importância vital que é o coração. O exercício regular aumenta a energia e a resistência de seu corpo e ajuda a gerar um sentimento de bem-estar. O exercício que você escolhe depende de sua preferência pessoal. Contudo, algumas formas de exercício aeróbico podem ser mais úteis para exercitar o coração e podem ser indicados caso você tenha pressão alta ou doenças coronarianas.

Agora, comece seus exercícios de relaxamento com o Exercício 31.

EXERCÍCIO 31: ATIVIDADES QUE PROMOVEM O RELAXAMENTO

Indique na coluna A quantas vezes por semana você pratica cada atividade. Indique na coluna B com que freqüência você gostaria de praticar cada atividade.

Atividades de Relaxamento Ativas

	A	B		A	B
Esportes	__	__	Ginástica	__	__
Dança	__	__	Yoga	__	__
Rir	__	__	Sexo	__	__
Caminhar	__	__	Outras __	__	__
Correr	__	__			

EXERCÍCIO 31 (Continuação)

Atividades de Relaxamento Profundo

	A	B		A	B
Massagem	___	___	Relaxamento Muscular Profundo	___	___
Hipnose	___	___	Relaxamento Progressivo	___	___
Auto-Hipnose	___	___	Mantras ou Foco no Som	___	___
Autogenia	___	___	Foco na Respiração	___	___
Biofeedback	___	___	Mandalas ou Foco Visual	___	___
			Relaxamento Instantâneo	___	___
Imaginação Guiada	___	___	Outras Meditações	___	___

Relaxamento físico passivo

Nisto se incluem a massagem, acupressão, manipulação física e atividade sexual. O toque é uma necessidade básica do ser humano, e certas tensões que se enraízam no corpo podem ser eficientemente extirpadas desta maneira. Também nos faz sentir muito bem.

Que método de relaxamento físico passivo normalmente faz parte de sua vida?

TÉCNICAS DE RELAXAMENTO PROFUNDO

O simples descanso, as distrações e atividades físicas ativas e passivas não são o bastante para dar às pessoas o relaxamento de que necessitam. Mesmo após o descanso e um exercício extenuante, uma tensão profunda pode ainda permanecer em sua musculatura. Nossas mentes podem ainda estar lotadas de preocupações e sentimentos irresolvidos. Podemos ficar tão acostumados a viver com a tensão que podemos não estar cientes de que a tensão profunda permanece conosco o tempo todo.

Capítulo 5: Harmonização: Técnicas para a Obtenção do Relaxamento e do Bem-Estar Físico

O relaxamento profundo ou meditação é uma importante parte da gestão do estresse. Se nossas vidas estão repletas de pressões, mudanças e desafios, obter o descanso e a paz da meditação ou do relaxamento profundo parece ser quase uma necessidade.

Uma sessão diária de relaxamento profundo pode nos auxiliar de diversas maneiras. Ela descarrega as tensões musculares e físicas e ajuda a superar a ansiedade e a obtenção de uma paz de espírito maior. Ela nos ensina a escutar e a ser sensíveis às mensagens e às necessidades de nossos corpos. Também ajuda a adquirir mais energia, bem-estar e equilíbrio.

O cardiologista Herbert Benson, da Universidade de Harvard, que ajudou a conduzir os estudos psicológicos e fisiológicos mais relevantes sobre os efeitos da meditação e do relaxamento profundo, acha que o corpo possui a capacidade de atingir uma *"reação relaxante"*. Isto é o oposto da reação estressante. Ambas as reações são necessárias às nossas vidas, mas cada uma tem o seu lugar. A reação estressante nos prepara para a ação e a sustentação do alto desempenho. Também necessitamos de períodos regulares de relaxamento, em que a tensão e o estresse são liberados.

Benson nota que a capacidade de desencadear o relaxamento tem feito parte de quase todas as culturas na história sob variadas formas de meditação, auto-hipnose e imaginação mental guiada. Algumas culturas como as tradições religiosas hindus e budistas desenvolveram sistemas altamente estruturados e complexos para a regulagem do sistema nervoso, para a autocura e a harmonização do corpo.

Nossa atual confiança nas drogas, no álcool e na comida para ficarmos calmos parece ter levado muitos de nós a prejudicar o desenvolvimento de nossas habilidades naturais.

Usando o relaxamento profundo, a meditação, a imaginação guiada ou auto-hipnose, pode-se interceptar a resposta estressante que foi desencadeada durante uma crise ou após um dia agitado. Ou, podemos treinar nosso sistema nervoso para permanecermos calmos e não reagirmos drasticamente aos estressores normais. Esta habilidade é outra parte fundamental dos autocuidados: ela nos permite imediatamente reduzir os efeitos negativos do estresse, aliviando diversos pequenos sintomas físicos e emocionais.

MODALIDADES DE RELAXAMENTO PROFUNDO

Os americanos estão afinados com nomes de marcas e diferentes variedades; o relaxamento profundo não é exceção. Quando aceitamos nossa necessidade de aprender a relaxar profundamente, nos deparamos com uma infinidade de métodos diversos, cada qual disputando nossa atenção. Seriam eles diferentes entre si? Qual é o melhor?

A pesquisa está longe de dar respostas a estas questões. No entanto, ela sugere que todos os variados tipos de relaxamento profundo e meditação possuem mais semelhanças que divergências. Todas as técnicas nos ajudam a relaxar nossa musculatura externa e a aprofundar nossa respiração, oferecendo alguns pontos para observarmos a fim de acalmar nossas mentes. Elas são praticadas com a pessoa sentada ou deitada em um ambiente calmo, com a atenção voltada para o interior. Todas elas nos pedem para adotar "a atenção passiva" – prestar atenção a algo sem forçar, obrigar ou visar a uma meta específica ou ponto final.

Com estes pontos em comum, cada pessoa pode escolher um método que se adapte às suas necessidades e ao seu estilo pessoal. Muitas fitas cassetes de relaxamento oferecem imaginação guiada ou música juntamente com leves instruções e sugestões. As variedades incluem:

- Meditação transcendental.
- Treinamento de relaxamento muscular profundo.
- Treinamento autogênico, que sugestiona nossos corpos.
- Auto-hipnose.

Para aqueles que desejam que a tecnologia os ajudem, o *biofeedback* oferece mensagens segundo a segundo sobre o quanto nossos corpos ficaram relaxados: o *biofeedback* pode ser usado para nos ajudar a aprender qualquer método de relaxamento.

MEDITAÇÃO

A meditação é uma ferramenta eficiente para o alívio do estresse e da tensão, trazendo a calma e a tranqüilidade para sua vida. A experiência meditativa oferece um modelo de como seria a sensação de estar profundamente relaxado. Você descobrirá um estado de energia mental e física, calma, clareza e acolhimento que é, ao mesmo tempo, fortalecedor e agradável. A intenção da meditação é que você se sinta assim o tempo inteiro.

Você pode começar a praticar o relaxamento e a meditação prestando atenção a *qualquer coisa* em estado relaxado – uma palavra, um som, sua respiração, seu corpo, ou algum estado de bem-estar ou atividade positiva. Caso sua mente divague, não a obrigue a voltar para seu objeto, mas domine-a gentilmente para que volte ao ponto de concentração. Ou então permita que sua mente flutue por onde desejar, observando suas próprias experiências e assistindo, porém sem influenciar sua vontade, enquanto fluem seus pensamentos, lembranças e idéias.

Ao praticar este estilo passivo de atenção, você terá uma sensação de liberdade e paz que surge da entrega ou rendição ao processo natural, espontâneo e interno da meditação. Esta será uma forma de entrar em contato com as camadas mais profundas do seu ego, um reservatório interno de energia e paz.

Você aprenderá agora alguns dos meios através dos quais poderá relaxar e se desestressar. A principal coisa a evitar é ligar-se a determinados padrões de pensamento. Em outras palavras, não se fixe em seus pensamentos cotidianos da maneira usual. Abra mão deles durante um breve período – tendo certeza de que o aguardarão. A intenção da meditação e do relaxamento é acalmar os pensamentos, relaxá-los e deixá-los fluir. Esta técnica requer tempo e prática para ser assimilada, e pode ser extremamente difícil de ser praticada. Às vezes é útil a combinação do exercício extenuante com a meditação. Qualquer modalidade de movimento vigoroso geralmente permitirá que você permaneça tranqüilo sem pensar durante um período bem mais longo do que aquele ao qual você estava acostumado.

Entre algumas maneiras simples e auto-explicativas de auxiliá-lo a tranqüilizar sua mente encontram-se: ouvir música, prestar atenção em sua respiração, fitar um cristal ou flor, repetir um tom ou som. Tudo isso facilita o estado físico de relaxamento profundo.

EXERCÍCIO 32: MEDITAÇÃO ATRAVÉS DA RESPIRAÇÃO

Esta é uma maneira fácil de se começar a praticar sua meditação ou relaxamento profundo. Este exercício é extraído de formas simples de meditação. Ele consiste em sentar tranqüila e confortavelmente, prestando cuidadosa atenção à sua respiração.

> Sente-se em um ambiente tranqüilo e seguro. Feche os olhos. Transfira sua atenção do mundo exterior e de suas preocupações com a vida para seu corpo e sensações físicas que estão ocorrendo agora mesmo. Perceba o máximo possível de sensações corporais.

> **EXERCÍCIO 32 (Continuação)**
>
> Preste atenção à sua respiração. Com os olhos de sua mente, imagine o ar entrando em seus pulmões enquanto você inspira, aprofundando-se em seu abdômen, e depois saindo quando você expira. Por alguns minutos, apenas sinta sua respiração. Caso sua mente divague ou você adormeça, volte a se concentrar em sua respiração.
>
> Enquanto você inspira (através do nariz se for confortável), conte internamente "um". Ao expirar pela boca, diga "e". Continue sua contagem na próxima inspiração – "dois, e". Quando você chegar ao quatro, recomece a partir do "um, e". Caso se perca na contagem, comece a partir do "um".
>
> Prossiga entre dez a vinte minutos ou até você se sentir confortável fazendo o exercício. Abra vagarosamente os olhos e sente-se por um minuto.

Você também pode meditar selecionando um objeto que capte sua atenção. Sente-se calmamente mantendo a coluna ereta por dez ou vinte minutos, olhando para um objeto. Dedique a ele sua exclusiva atenção. Caso uma flor esteja diante de você, sinta, prove e experimente sua forma, cor e fragrância. Amolde-se à flor – dissolva-se nela. Caso pensamentos desconcentradores passem pela sua cabeça, aceite-os e deixe-os passarem. Gentilmente, retorne ao objeto de sua atenção, sem se forçar. Levará um certo tempo até você se acostumar. Após a sessão, você se sentirá relaxado, renovado e rejuvenescido.

DIRETRIZES PARA O RELAXAMENTO PROFUNDO

As páginas a seguir oferecem orientação para diversos tipos de exercícios simples de relaxamento e meditação. Comprometa-se em praticá-los diariamente, durante um período de diversas semanas, para que você possa avaliar cuidadosamente os seus efeitos sobre seu nível de estresse e bem-estar.

Aqui se encontram algumas instruções sobre como iniciar a prática regular do relaxamento.

Prática diária

O relaxamento é uma modalidade de treinamento físico. Não surte efeito nenhum se não for feito com regularidade. Além disso, como em qualquer caso de treinamento físico, assim como o esporte, você precisa aprender a praticá-lo. Não se trata de uma cura mágica para o estresse; ele é uma forma de treinar seu corpo a entrar em um estado profundo e regenerador. Algumas pessoas conseguem aprendê-lo rápidamente; outras demorarão mais ou precisarão trabalhar individualmente com um instrutor.

Como prática inicial, passe um tempo razoável aprendendo algo acerca do relaxamento. Não tente avaliar seus efeitos, ou seu próprio desempenho, até que você o tenha praticado durante duas semanas. Os efeitos podem não ser tão aparentes até esta fase. Você pode encontrar problemas no primeiro ou segundo dia, bem como achar difícil concentrar-se, ou sentir algum aumento momentâneo no nível de estresse ou de desconforto. A menos que você tenha desenvolvido alguma dificuldade séria (isso é raro), continue a praticar.

Desenvolva uma rotina

Se você reservar tempo e local constante para praticar seu relaxamento profundo, estará criando um hábito do qual você logo sentirá falta e praticará automaticamente.

> Manter um gráfico das primeiras semanas é um incentivo útil e permite que você visualize graficamente que está fazendo progresso. Ainda, se você está aprendendo em sala de aula ou com um instrutor, você terá um registro para trazer para a classe a fim de poder discutir dificuldades e problemas. Use a Agenda do Relaxamento no Exercício 32, que poderá ser preenchida resumidamente antes e depois de seus períodos de relaxamento.
>
> Uma fase importante do desenvolvimento de uma rotina é criar um local seguro e protegido para se relaxar. Isso importa em pedir ajuda às pessoas que o cercam, deixar seu telefone fora do gancho e fazer tudo que for necessário para garantir que você não será incomodado. Crie um local especial, ou parte de um recinto, para praticar seu exercício.

Horário e disposição

A melhor hora de praticar o exercício de relaxamento é antes de uma refeição. Muitas pessoas relaxam cedo, pela manhã, e imediatamente antes do jantar. Ele também pode ser praticado após ou durante uma atividade estressante.

A postura normal para o relaxamento profundo é sentar-se ereto em uma cadeira, mãos pousadas sobre o colo e pés encostados no

EXERCÍCIO 33: AGENDA DO RELAXAMENTO

Antes que você comece seu relaxamento, anote na coluna 1 os acontecimentos estressantes em seu dia anteriores ao relaxamento. Na coluna 2, escreva seu nível de relaxamento prévio E/R (estresse/relaxamento), usando uma escala subjetiva de 1 a 10 (1 corresponde ao relaxamento total, 10 indica que a pessoa está altamente estressada ou tensa). Insira a nota ao lado do campo "antes".

Pratique seu exercício de relaxamento.

Após o exercício, anote novamente seu nível de estresse ou relaxamento no campo "depois", usando a escala de 1 a 10.

Depois disso, insira pensamentos, sentimentos, experiências corporais e/ou outras ocorrências relevantes durante seu período de relaxamento na coluna 3.

Semana de: _____

	RELAXAMENTO DA MANHÃ			RELAXAMENTO DA TARDE		
	Fatos estressantes da tarde	Níveis de E/R de 1 a 10	Experiências durante o relaxamento: sentimentos, pensamentos etc.	Fatos estressantes da tarde	Níveis de E/R de 1 a 10	Experiências durante o relaxamento: sentimentos, pensamentos etc.
Segunda-Feira		Antes ____ Depois ____			Antes ____ Depois ____	
Terça-Feira		Antes ____ Depois ____			Antes ____ Depois ____	
Quarta-Feira		Antes ____ Depois ____			Antes ____ Depois ____	
Quinta-Feira		Antes ____ Depois ____			Antes ____ Depois ____	
Sexta-Feira		Antes ____ Depois ____			Antes ____ Depois ____	
Sábado		Antes ____ Depois ____			Antes ____ Depois ____	
Domingo		Antes ____ Depois ____			Antes ____ Depois ____	

Capítulo 5: Harmonização: Técnicas para a Obtenção do Relaxamento e do Bem-Estar Físico

chão. Caso necessite de um apoio para as costas, coloque um travesseiro atrás de si. Você também pode usar uma cadeira reclinável ou até mesmo deitar-se, embora essas posturas o tornem mais suscetível de dormir durante o exercício.

Atitude mental

A atitude mental exigida para o relaxamento profundo é uma mentalização oposta àquela exigida para a maioria das atividades voltadas para o trabalho. Às vezes demora um certo tempo para que a pessoa se acostume com a atitude de observação passiva. Não force nem se obrigue demais a se concentrar. Em vez disso, deixe que sua atenção se concentre naquilo que você escolheu para se concentrar: em sua respiração, em sua musculatura, em uma figura mental. Caso sua mente divague, simplesmente finalize a reflexão e traga sua mente de volta ao objeto de atenção.

Não seja crítico demais ou tente evitar que sua mente divague. Isto apenas o desafiará e o deixará tenso quando você estiver tentando relaxar. Adquirir um estado de mente vazia só se consegue após vários anos de instrução guiada e prática diária. Não se frustre com expectativas irreais.

A atenção passiva tem sido descrita como prestar atenção ao processo em vez da meta. Não pense em ficar relaxado, que é a sua meta; preste atenção em qualquer sensação que esteja sentindo no momento. Caso ache difícil fazer o exercício ou relaxar, preste atenção a seu corpo e tente descobrir o motivo. Você pode precisar finalizar a tarefa antes de estar totalmente pronto para relaxar.

Problemas e desconforto

Devido a nossas expectativas em relação aos benefícios do relaxamento, muitas pessoas começam a praticar os exercícios e sentem que não estão os praticando corretamente. Parece algo tão simples! Sua experiência não corresponde às suas expectativas, não importa o quanto essas expectativas possam ser vagas e irreais. Na verdade, quase todos estão fazendo os exercícios corretamente. Confie em si mesmo.

Por vezes, uma pessoa experimentará um certo desconforto, tensão física ou ansiedade durante um exercício de relaxamento profundo. A razão é que durante o exercício você pode ficar consciente de tensão existente em seu corpo que você ignorava ou nem mesmo percebia, ou você pode estar permitindo que os sentimentos ou pensamentos que você antes reprimia aflorem à consciência. Na maioria dos casos, o antídoto é esperar um pouco e depois continuar o exercício. No entanto, caso o desconforto e a ansiedade persistam, é prudente trabalhar com um instrutor até que as reações possam cessar.

EXERCÍCIO 34: RELAXAMENTO MUSCULAR PROFUNDO

Muitas pessoas não são sensíveis ao grau de tensão que se acumula em seus músculos ao longo de um dia tranqüilo de trabalho. Este exercício foi criado para ajudá-lo a ter mais consciência da diferença entre a tensão e o relaxamento em cada um dos principais agrupamentos de músculos. Ele também incorpora algumas das sugestões que fazem parte do treinamento autogênico (por exemplo: peso e calor nos braços, resfriamento na testa etc.), que ajudam a gerar o estado de relaxamento profundo.

> Sente-se ou deite confortavelmente e feche os olhos. Fique consciente do quanto seu corpo está tenso ou relaxado. Preste atenção ao seu corpo por alguns instantes.
>
> Feche o punho e contraia sua mão direita (ou sua mão esquerda, caso você seja canhoto) por alguns segundos, depois relaxe e solte. Então, comande para que suas mãos fiquem aquecidas e pesadas, e ajude a sugestão imaginando coisas como pesos amarrados em sua mão ou o sol batendo nela.
>
> Depois disto, tensione e relaxe seu braço direito. Prossiga com sugestões e imagens para que ele se torne pesado e aquecido. Faça o mesmo com seu antebraço, ombro, pé direito, perna e coxa. Todo o seu lado direito deve sentir-se relaxado, pesado e aquecido.
>
> Repita o procedimento com seu lado esquerdo (ou o lado oposto). Suas mãos, braços, pés e pernas devem agora estar relaxados, pesados e aquecidos. Espere que essas sensações surjam ou repita novamente o exercício. Pode demorar algumas repetições até que você seja capaz de fazer isso. Quando você tiver dominado o peso e o calor, você será capaz de relaxar os músculos sem precisar contraí-los primeiro.
>
> Agora relaxe os músculos do quadril. Imagine que uma onda de relaxamento está passando por sua barriga até o peito. Imagine esta onda surgindo enquanto você inspira, trazendo o relaxamento profundo; depois, imagine a onda recuando enquanto expira. Não contraia estes músculos. Comande seus quadris, seu

EXERCÍCIO 34 (Continuação)

abdômen e seu peito para que fiquem pesados e aquecidos. Permita que cada inspiração se torne cada vez mais profunda, preenchendo completamente seu abdômen. Espere que sua respiração se torne extremamente profunda antes de passar ao próximo estágio do exercício.

Enquanto inspira, imagine que uma onda de relaxamento está prosseguindo até seus ombros, seu pescoço, sua mandíbula, sua boca, subindo até seu rosto e couro cabeludo. Relaxe um grupo de músculos de cada vez, imaginando que o relaxamento está passando por eles. Dedique especial atenção aos músculos que controlam os olhos e testa (se usar lentes de contato, remova-as antes de fazer o exercício). Agora sugestione suas sobrancelhas a relaxarem, imaginando que uma brisa ou compressa fria está tocando sua testa.

Aproveite a sensação do relaxamento profundo. Usando os olhos de sua mente, imagine que você está em um lugar adorável, tranqüilo e relaxante, sem nenhuma preocupação na vida. Imagine a cena com todos os seus sentidos – tocando, ouvindo, cheirando, vendo e até mesmo provando como é estar neste lugar especial

Quando estiver pronto para terminar o exercício, inspire profundamente duas vezes e abra os olhos. Sente-se em silêncio por um ou dois minutos.

EXERCÍCIO 35: CONSCIÊNCIA RESPIRATÓRIA

Sente-se em uma posição equilibrada. Acomode-se em sua cadeira para que você sinta que sua coluna lombar ou músculos abdominais atinjam a maior descontração possível.

Imagine uma corda ligada ao alto de sua cabeça, alinhando completamente sua coluna do alto da cabeça à base da coluna.

Mexa seus pés até que ambos estejam confortavelmente pousados no solo, aproximadamente cinqüenta centímetros de espaço entre eles, com as panturrilhas perpendiculares ao chão.

Levante suas mãos e deixe-as penderem em suas pernas. Agora visualize a corda sendo cortada; permita que sua cabeça se mova vagarosamente até uma posição confortável.

EXERCÍCIO 35 (Continuação)

Inspire profunda e suavemente e expire com facilidade. Permita que sua próxima expiração seja controlada pelo seu corpo, vendo seu abdômen expandir-se enquanto você inspira, e se contraia quando você expira.

Quando encontrar o ritmo de sua respiração, diga a si mesmo a cada inspiração, "Eu estou..." e a cada expiração "...relaxado". Permita que seu corpo fique fácil e confortavelmente relaxado.

Continue esta prática e logo será capaz de relaxar, apenas respirando profundamente.

EXERCÍCIO 36: RELAXAMENTO MUSCULAR COM IMAGINAÇÃO GUIADA

Este exercício pode ser feito sentado ou deitado. Você pode ler as instruções lentamente, gravando uma fita cassete e depois tocá-la para si mesmo enquanto segue as sugestões.

Inicie o processo com o exercício de consciência da respiração.

Contraia lentamente suas mãos, braços e ombros. Concentre-se na tensão e sobre como você se sente. Agora lentamente comece a relaxar ao longo de seus ombros, antebraços e braços. Esteja consciente das sensações enquanto libera a tensão e a substitui pelo relaxamento. Relaxe seus punhos, mãos e dedos. Imagine que esta sensação de relaxamento está percorrendo todo o seu corpo em direção aos pés. Faça uma pausa.

Suavemente contraia e tensione seu couro cabeludo, testa, pálpebras, os tecidos em torno dos olhos, sua boca e mandíbulas. Tome consciência da tensão. Lentamente, comece a relaxar o couro cabeludo, testa, pálpebras e tecidos em torno dos olhos. Fique consciente de como é essa sensação enquanto libera a tensão substituindo-a pelo relaxamento. Relaxe os músculos da boca e das mandíbulas. Agora, usando sua imaginação criativa, imagine esta sensação de relaxamento fluindo pelo seu pescoço, ombros, braços e mãos. Imagine esta sensação de relaxamento invadindo seu peito e área abdominal, descendo pelos quadris, pelas pernas, pelas panturrilhas e pelos pés, até a ponta dos seus dedos. Dê uma pausa.

Inspire profundamente e tensione os músculos de seu peito e abdômen e então, enquanto expira, deixe que seu peito e ab-

EXERCÍCIO 36 (Continuação)

dômen relaxem completamente. Imagine-se relaxando seu peito e abdômen internamente. Imagine que todos os seus órgãos, glândulas e até mesmo as células funcionem de maneira relaxada, normal e saudável. Agora contraia seus quadris, pernas, pés e dedos. Lentamente, comece a liberar a tensão para baixo em direção a seus quadris, pernas, panturrilhas, tornozelos, pés e dedos. Pause.

Imagine que você possui tampas em seus dedões do pé e que qualquer tensão que permaneça em seu corpo seja água. Imagine que você retirou as tampas e que a tensão começou a escoar pelos seus dedos. Enquanto isto acontece, imagine novamente que uma sensação de relaxamento está fluindo de seu couro cabeludo, descendo em direção a sua testa, pálpebras, rosto e mandíbulas. Imagine que este sentimento de relaxamento está descendo pelo seu pescoço, pelos ombros, pelos braços e pelas mãos. Deixe que esta sensação de relaxamento siga em direção a seu peito e área abdominal, pelos quadris e pelas pernas até a ponta dos seus pés. Pare um instante para imaginar o estado de conforto mental e físico e o completo relaxamento.

Dê a si mesmo bastante tempo para sair desse estado de relaxamento. Antes de abrir os olhos, e enquanto os abre, flexione seus braços dobrando-os na altura dos cotovelos e estire-os várias vezes acima de sua cabeça.

EXERCÍCIO 37: RELAXAMENTO MUSCULAR SUAVE

Observação: Devido à sutileza deste exercício, trabalhe apenas um lado de seu corpo, de preferência o seu lado dominante.

Comece com o exercício "consciência da respiração".

Ao longo deste exercício, preste atenção em sua respiração e em outras partes de seu corpo que possam estar desnecessariamente tensas. Dedique especial atenção aos ombros, às mandíbulas e aos olhos. Enquanto pratica este exercício, contraia apenas os pontos onde perceber que existe tensão.

Dobre gentilmente os dedos e seu pé direito para baixo. Segure esta pressão leve enquanto examina sua respiração bem como o restante de seu corpo. Quando soltar, sinta o lado inteiro de seu corpo relaxar.

EXERCÍCIO 37 (Continuação)

Levante os dedos do chão. Segure esta pressão enquanto mentalmente examina suas mandíbulas, os músculos dos ombros, seus olhos e sua respiração. Muito gentilmente, permita que seus dedos do pé voltem a tocar o chão e sinta todo o seu lado direito relaxar.

Levante os calcanhares do chão com a pressão exata para que sinta um leve tensionamento dos músculos. Repita sua verificação dos músculos do corpo e da respiração. Muito lentamente, permita que a tensão em sua panturrilha se esvaia. Você sentirá que seu lado direito relaxará ainda mais.

Levante seus calcanhares do chão e sinta os músculos da coxa contraírem ligeiramente. Segure esta tensão enquanto mentalmente examina o restante de seu corpo. Verifique especialmente sua respiração, mantendo-a calma e regular. Veja se você não está cerrando os dentes, e se seus olhos estão relaxados. Cuidadosamente, deixe que seu calcanhar volte ao chão e inicie o relaxamento mais uma vez.

Erga sua mão direita e dobre o pulso em direção ao seu cotovelo até que sinta seu antebraço se contrair. Segure esta posição enquanto checa seus ombros e sua respiração, os músculos da mandíbula e os olhos. Gradualmente, relaxe e sinta que seu braço se impregnou de energia e relaxamento.

Dobre seu braço no cotovelo para tensionar levemente seus bíceps. Não aplique tensionamento exagerado, apenas o necessário para sentir uma ligeira tensão muscular. Desta vez, preste especial atenção aos seus ombros; cheque para ver se você não tensionou sua mão direita durante o processo. Verifique sua respiração, as mandíbulas e seus olhos. Depois relaxe, fácil e suavemente.

Empurre sua mão direita contra sua coxa direita até que você sinta seus tríceps se contraírem. Seu ombro levantará ligeiramente, mas sua mandíbula e seus olhos não devem se contrair. Continue a respirar calma e regularmente. Prossiga tensionando enquanto o restante de você continua relaxado; depois solte a tensão.

Um último movimento: levante sua mão e perna direitas e forme pequenos círculos. Continue a respirar e depois relaxe.

Reeducando sua resposta estressante

Esta prática lhe ensinará a relaxar profundamente. Este é um exercício, composto por duas partes, que o ajudará a ficar cada vez mais consciente da tensão física que você carrega e lhe apresenta uma ferramenta extraordinária para reduzir o estresse instantaneamente – a imaginação guiada.

Certifique-se de que não será interrompido durante alguns minutos. Sente ou deite em qualquer posição confortável. A maioria das pessoas é capaz de relaxar por longos períodos se suas colunas estiverem relativamente retas. Os apoios nas costas e no pescoço são úteis quando você está sentado com os pés apoiados no chão, e mãos no braço da cadeira ou sobre o colo. O exercício pode também ser feito deitado, mas você corre o risco de adormecer.

EXERCÍCIO 38: IMAGINAÇÃO GUIADA

Sente-se em silêncio por alguns momentos. Feche suavemente seus olhos. Fique consciente de todas as impressões sensitivas e sentimentos que afloram de seu corpo quando você transfere sua consciência do mundo externo para o interno. Apenas se sente pacientemente, prestando atenção ao seu corpo. Ouça o que ele lhe diz. Você será capaz de transferir sua consciência para diversas partes do corpo e descobrir sentimentos que são, geralmente, inconscientes. Explore estas mensagens corporais; elas são importantes. Elas lhe ensinam os efeitos de sua vida sobre seu corpo.

Deixe que as sugestões a seguir criem raízes em você. Caso sua mente divague ou você adormeça por alguns instantes, simplesmente recupere a concentração e prossiga. A autocrítica e a culpa apenas o atrapalharão.

Dê um longo e profundo suspiro, inflando o peito. Permita que a respiração flua em seu abdômen. Prenda a respiração por um ou dois segundos. Expire. Você sentirá um imediato relaxamento e uma crescente conscientização, enquanto você respira completa e profundamente. Acompanhe sua respiração por alguns momentos e veja como ela afeta seu corpo. Você está mais relaxado? Que mudanças aconteceram?

Centralize sua atenção em seus braços e mãos. Conscientize-se deles. Explore os músculos de seus braços, mãos e dedos,

EXERCÍCIO 38 (Continuação)

verifique se existe alguma tensão neles. Caso descubra tensão, inspire profundamente imaginando que sua respiração está se movendo de seus pulmões diretamente para seus braços e mãos, trazendo com ela um sentimento de acolhimento e relaxamento. Expire e imagine que a tensão muscular de suas mãos e braços está sendo expelida a cada respiração, deixando suas mãos e braços profundamente relaxados.

Concentre-se em sua cabeça, ombros, peito, abdômen, costas e coluna, quadris, glúteos e pernas da mesma forma. Lembre-se de enviar sugestões relaxantes para cada uma destas partes.

Aproveite este estado de relaxamento e os sentimentos de paz que o acompanham. Deixe que cada inspiração o conduza a um estado cada vez mais profundo de relaxamento.

Imagine-se vendo, sentindo, ouvindo, cheirando e provando um lugar belo e tranqüilo, onde você se sinta completamente relaxado. Pode ser um local que você já visitou ou outro que só exista em sua imaginação. Crie este ambiente especial para si mesmo o mais real possível. Qual é sensação, o que você vê, ouve, cheira e prova? Faça alguma coisa com cada um desses sentidos. Relaxe e aproveite este lugar especial.

Agora imagine este momento em que você vive, este estado de perfeição, saúde plena e bem-estar. O que você está fazendo?

Como você se sente? Qual é o seu aspecto? Aproveite a experiência.

Lentamente, volte sua atenção para o recinto, mantendo o sentimento de paz, relaxamento e bem-estar. Você pode retornar ao seu lugar particular de relaxamento e cura sempre que desejar. Recomendamos que você pratique isto no mínimo uma vez por dia.

EXERCÍCIO 39: ALONGAMENTO E RELAXAMENTO CORPORAL

Sente-se em uma posição confortável. Deixe que suas mãos pendam ao longo de seu corpo, inspire profundamente e expire com facilidade.

> **EXERCÍCIO 39 (Continuação)**

Ao inspirar novamente, alinhe sua cabeça e dorso. Quando expirar, deixe que sua cabeça penda suavemente para trás. Prossiga respirando, direcionando sua inspiração para a parte anterior de seu pescoço. Inspire e retorne a cabeça à posição ereta. Enquanto expira, lentamente deixe que sua cabeça penda para trás. Caso mantenha sua boca aberta, sua cabeça pode relaxar mais ainda. Continue a respirar, sentindo todo o congestionamento ou pressão em seu pescoço. Inspire e deixe que sua cabeça volte mais uma vez a ficar ereta. Respire com facilidade e sinta o grau de relaxamento que você pode obter a partir deste simples movimento quando você praticá-lo em estado de concentração.

Inspire novamente. Deixe que sua orelha direita penda sobre seu ombro direito. Expire e inspire direcionando para a área que está sendo alongada do lado esquerdo de seu pescoço. Sinta a tensão em cada um dos músculos de seus ombros e pescoço. Lentamente, levante seu ombro direito até sua orelha direita. Eles podem se tocar, mas isto não é necessário. Mantenha os movimentos lentos e confortáveis enquanto sua orelha e ombros se unem. Mantenha esta posição por um instante.

- Quando se sentir preparado, permita que seu ombro penda *lentamente*, para que você possa sentir seus músculos relaxando. Você poderá sentir alguma distensão com este movimento. Também poderá perceber que, uma vez que alcance a região em que seu ombro se encontrava quando começou, você poderá abaixá-lo mais ainda.

- Lentamente inspire outra vez e permita que sua cabeça fique ereta. Respire livremente e sinta a diferença entre seu ombro esquerdo e direito.

- Repita o exercício do lado esquerdo.

- Em razão de a maioria das pessoas sentir maior tensão na região dos ombros e pescoço, faça algumas rotações de pescoço. Nunca estire nem force o pescoço. Sempre deixe que ele se mova como se tivesse pesos a seu redor, fazendo movimentos livres em círculo.

- Comece deixando que sua cabeça penda para trás enquanto você inspira. Lentamente comece a rodar sua cabeça para a esquerda. Enquanto sua cabeça se move para frente, comece a expirar ao ver sua cabeça mover-se lenta e cuidadosamente para

EXERCÍCIO 39 (Continuação)

esta posição. Quando sua cabeça começar a rodar para a direita, comece a inspirar até atingir a parte de trás. Repita o exercício inspirando enquanto sua cabeça pende para trás e expirando quando sua cabeça estiver pendida para frente. Quando você tiver finalizado duas voltas no sentido horário, mude a direção para fazer duas voltas no sentido anti-horário. Inspire e coloque facilmente sua cabeça em posição ereta. Sente-se confortavelmente e sinta seu pescoço e ombros.

- Posicione os braços ao longo do corpo e comece a elevar os ombros simultaneamente, como se estivesse tentando tocar as orelhas com os ombros. Enquanto você lentamente expira, permita que seus ombros relaxem. Quando eles atingirem o ponto mais baixo, respire com facilidade, balance as mãos ligeiramente e mova os ombros suavemente.

- Coloque suas mãos nas costas de maneira que os polegares estejam apontando em direção a seu abdômen. Inspire e penda para trás, ou dobre ligeiramente as costas até sentir uma ligeira tensão no abdômen. Enquanto expira, permita que seu tronco volte-se para frente. Enquanto inspira, permita que sua respiração endireite sua postura. Repita o exercício.

Deixe que suas mãos caiam ao longo de seus quadris. Respire livremente. Ao expirar, alongue para a direita. Inspire e fique ereto. Expire e dobre-se para a esquerda. Repita.

Levante sua perna direita, posicione suas mãos em torno de seu joelho e perna e puxe a perna inteira em direção a seu tórax para que você possa sentir algum estiramento de sua região lombar.

Permaneça nesta posição por um momento, respirando enquanto se concentra na região lombar. Depois abaixe sua perna direita. Repita o movimento seu lado esquerdo, esticando as áreas onde sentir tensas, mas ainda suportável.

Feche os olhos e fique em silêncio, ouvindo os sons de seu corpo. Ouça e sinta o silêncio interior.

Perceba o fluxo de ar entrando em suas narinas. Sinta a alternância de direção quando você expira. A cada inspiração diga a si mesmo: "estou..." e a cada expiração, diga: "...relaxado". Inspire e expire à medida que entra em um estado cada vez mais profundo de relaxamento. Faça uma pausa.

> **EXERCÍCIO 39 (Continuação)**
>
> Intercale todos os exercícios respiratórios e simplesmente observe a plenitude de sua respiração, o fluxo contínuo. Experimente o silêncio entre a inspiração e a expiração.
>
> Lentamente, comece a movimentar os dedos do pé, os pés e pernas. Balance na cadeira para frente e para trás, mexa seus ombros, braços e mãos. Balance livremente a cabeça e, quando se sentir preparado, inspire profundamente e abra seus olhos, sentindo-se relaxado, rejuvenescido e confortável.

TÉCNICAS RÁPIDAS DE RELAXAMENTO

Existe uma variedade de coisas que podemos fazer quando estamos submetidos ao estresse. Algumas das técnicas sugeridas abaixo já são conhecidas e todos nós já as usamos. Outras são novas e precisamos experimentá-las e ver como funcionam em nosso caso. Qualquer delas funcionará, desde que sintonizemos nossas necessidades o quanto antes e tomemos uma providência imediata.

Aqui está uma lista de técnicas rápidas de relaxamento. Você pode adicioná-las à lista.

- Faça um intervalo de cinco minutos. Dê uma caminhada, sente ou deite em silêncio; converse com alguém.

- Tire um cochilo.

- Passe alguns momentos imaginando uma cena ou fato tranqüilo e relaxante. Lembre-se dele em detalhes, imaginando como ele foi com todos os seus sentidos. Ou então imagine que algo agradável que você espera fazer em um futuro próximo, ou algo que você poderia fazer para premiar-se quando a pressão ou a tarefa terminarem.

- Massageie sua testa, seus olhos e nuca. Aprenda algumas técnicas de primeiros socorros em acupressão.

- Respire profundamente. Dê um longo suspiro, deixando que ele invada seu abdômen. Prenda alguns segundos e lentamente expire. A atitude remete a seu corpo um comando automático para que relaxe.

- Pratique qualquer técnica de relaxamento profundo por alguns minutos. Imagine que seus músculos estão relaxando.

- Corra, fale alto ou grite por alguns minutos caso possa fazer isto com segurança. Alongue seus músculos ativamente para liberar a tensão.

- Execute outra tarefa para mudar o ritmo.

O PANORAMA MAIS AMPLO

Quando você começou a ler este livro, provavelmente tinha a noção de que a exaustão, a gestão do estresse e a eficiência pessoal eram qualidades que pertenciam aos indivíduos. Caso você tivesse uma personalidade saudável, as vantagens das habilidades educacionais e naturais, seria eficiente na gestão do estresse e sairia do esgotamento rumo ao desempenho máximo.

Muitos de nós ainda mantemos uma contradição engraçada em nossos pensamentos. Além de colocarmos no indivíduo a responsabilidade da gestão do estresse e do desempenho máximo, tendemos a ver o estresse e a pressão como forças externas que, freqüentemente, não conseguimos prever ou a elas reagir eficazmente. Ao mesmo tempo nos responsabilizamos por nosso desempenho e nos consideramos impotentes diante da força do estresse e da pressão.

Ao alcançarmos o fim dessa jornada, atingimos outro nível e maneira de ver toda a área do desempenho. Tudo – do estresse à saúde, bem-estar e desempenho máximo – não depende apenas da habilidade ou da eficiência individual, mas das qualidades do grupo de trabalho, do ambiente e da empresa.

Nos últimos anos, temos visto o nascimento de uma nova visão, ou o ressurgimento de uma visão antiga, de que a saúde, o bem-estar e a eficiência de um indivíduo são extremamente afetados pela empresa e pelo ambiente em que trabalha. É difícil para um indivíduo ativo e dedicado evitar o esgotamento e sobressair-se em uma empresa que gere estresse.

Além disto, o foco da pesquisa do equilíbrio está se transferindo do indivíduo para os ambientes, organizações e contextos que promovem estas qualidades. Isto não desvaloriza o papel do poder pessoal na criação da mudança; os indivíduos visionários e realizadores precisam trabalhar juntos para criar organizações realizadoras.

É excitante descobrir que as mesmas qualidades do apoderamento, da autoconsciência, da autogestão, da auto-renovação e do desempenho máximo, que caracterizam a saúde do indivíduo, podem também ser aplicadas às empresas. Cada qualidade e exercício que pode ser utilizado pelo indivíduo ou por um grupo de trabalho pode também ser algo aplicado, com pequenas adaptações, a uma

Capítulo 5: Harmonização: Técnicas para a Obtenção do Relaxamento e do Bem-Estar Físico

empresa. Assim como uma pessoa, uma organização, uma família ou uma comunidade é um organismo que combate a pressão, se adapta à mudança e se mantém. Isto pode ser feito de uma maneira saudável, adaptável ou disfuncional. À medida que as empresas estendem sua busca por excelência pessoal e bem-estar, começam a visualizar a si mesmas como organismos que precisam de consciência, competência, poder e adestramento para sobreviver e prosperar.

Anexo

FERRAMENTAS DE AVALIAÇÃO: COMO ESTOU ADMINISTRANDO O ESTRESSE?

Ferramentas de Avaliação

As onze avaliações a seguir foram criadas para ajudá-lo a avaliar seus níveis de estresse em diversas áreas de sua vida.

Cada escala de avaliação deve ser organizada por ordem de:

- **Angústia**, indicando dificuldade.
- **Equilíbrio**, indicando que este é um ponto bem administrado em sua vida.
- **Resistência**, indicando que esta é uma área de alto desempenho e eficiência.

Ao término de cada escala, existe um campo onde você inserirá a pontuação total. Anote seus totais em cada avaliação e insira-os nos gráficos resumidos da página 181. Eles lhe possibilitarão avaliar rapidamente as áreas de sua vida que estão muito estressantes, equilibradas ou controladas.

Enquanto anota sua pontuação, tenha em mente que, em algumas escalas, a alta pontuação indica angústia, enquanto em outras é demonstração de resistência.

Parte 1: Pressões Externas

AVALIAÇÃO Nº 1   *Referente ao Capítulo 1*

AMBIENTAÇÃO DO ESTRESSE

As tabelas a seguir indicam a pressão e as cobranças em duas áreas centrais na vida da maioria das pessoas. Em cada pergunta, avalie o nível de pressão ou exigência que a situação representa para você.

A. Trabalho e Carreira	Grave	Moderado	Pequeno	Nulo
1. Tarefas ou responsabilidades demais.	3	2	1	0
2. Funções ou expectativas confusas ou ambíguas.	3	2	1	0
3. Exigências conflitantes ou concorrentes.	3	2	1	0
4. Conflitos com um supervisor ou chefe.	3	2	1	0
5. Conflito ou dificuldade com os colegas.	3	2	1	0
6. Tarefas tediosas, enfadonhas ou repetitivas.	3	2	1	0
7. Não há recompensa pelo trabalho bem executado.	3	2	1	0
8. Competição entre colegas.	3	2	1	0
9. Não há oportunidade de progressão.	3	2	1	0
10. Não há espaço para a criatividade e a contribuição pessoal.	3	2	1	0
11. Não há possibilidade de contribuir nas decisões referentes ao seu trabalho.	3	2	1	0
12. Dificuldade de intercâmbio.	3	2	1	0
13. Pressão quanto a prazos.	3	2	1	0
14. Muitas mudanças na empresa ou nas tarefas.	3	2	1	0
15. Ambiente de trabalho difícil ou dispersivo.	3	2	1	0
16. Perda do comprometimento ou idealismo.	3	2	1	0
17. Expectativas confusas ou sem nitidez quanto às tarefas.	3	2	1	0
18. Remuneração inadequada para suas necessidades ou expectativas.	3	2	1	0
19. Falta de coleguismo ou comunicação entre os colegas.	3	2	1	0
Total A				

B. Ambiente Doméstico, Família e Comunidade	Grave	Moderado	Pequeno	Nulo
1. Dinheiro insuficiente.	3	2	1	0
2. Conflito com cônjuge.	3	2	1	0
3. Conflito em relação às tarefas domésticas.	3	2	1	0
4. Problemas ou conflitos com os filhos.	3	2	1	0
5. Pressões dos pais ou sogros.	3	2	1	0
6. Consertos domésticos.	3	2	1	0
7. Sem tempo de lazer.	3	2	1	0
8. Conflito sexual ou frustração.	3	2	1	0
9. Redondezas e vizinhança perigosas ou estressantes.	3	2	1	0
10. Conflitos ou perda de um amigo íntimo ou parente.	3	2	1	0
11. Problemas pessoais causados por tensões familiares.	3	2	1	0
12. Falta de babá, dificuldade de ausentar-se de casa.	3	2	1	0
Total B				

AVALIAÇÃO Nº 2 *Referente ao Capítulo 1*

ESTRESSE NO TRABALHO

A. Ambiente de Trabalho	Quase Sempre	Com Freqüência	Às Vezes	Nunca
1. Minhas condições de trabalho são pesadas.	3	2	1	0
2. Meu trabalho é perigoso ou arriscado.	3	2	1	0
3. Sinto-me pressionado.	3	2	1	0
4. Trabalho próximo a substâncias químicas.	3	2	1	0
5. Meu ambiente de trabalho é desanimador, desconfortável ou deprimente.	3 3	2 2	1 1	0 0
Total A				

B. Ambiente Organizacional				
1. A política do escritório interfere em meu trabalho.	3	2	1	0
2. Não consigo obter a informação de que necessito para executar meu trabalho.	3	2	1	0
3. Não está claro para mim o que as pessoas esperam nem como fazer as coisas.	3	2	1	0
4. Existe um clima de competição e calúnia.	3	2	1	0
5. Não disponho dos recursos necessários para exercer bem meu trabalho (p. ex.: tempo, dinheiro, ajuda).	3	2	1	0
6. Não participo das decisões que afetam meu trabalho e emprego.	3	2	1	0
7. As coisas mudam rápido demais no meu trabalho (novos produtos, tecnologias, equipe de gestão).	3	2	1	0
8. Meu trabalho não oferece caminhos claros e razoáveis para a progressão.	3	2	1	0
Total B				

	Quase Sempre	Com Freqüência	Às Vezes	Nunca
C. Função				
1. Não está nítido o que esperam de mim.	3	2	1	0
2. Espera-se demais de mim.	3	2	1	0
3. Surpreendo-me recebendo ordens conflitantes.	3	2	1	0
4. Sinto-me sobrecarregado no trabalho.	3	2	1	0
5. Minhas expectativas em relação ao trabalho estão se modificando.	3	2	1	0
Total C				
D. A Individualidade e a Função Adequada				
1. Não aprecio o que faço.	3	2	1	0
2. Meu trabalho é aborrecido e sem significado.	3	2	1	0
3. Meu trabalho não combina comigo.	3	2	1	0
4. Não uso meu talento e minhas habilidades no trabalho.	3	2	1	0
5. Tenho problemas éticos em relação ao que faço.	3	2	1	0
6. Não consegui o que desejava/esperava de meu trabalho.	3	2	1	0
7. Não pude progredir tanto quanto gostaria.	3	2	1	0
8. Fui preterido em uma promoção.	3	2	1	0
Total D				
E. Ambiente Interpessoal				
1. Tenho responsabilidade demais por outras pessoas.	3	2	1	0
2. O relacionamento entre os colegas é ruim ou repleto de conflitos.	3	2	1	0
3. Existem pessoas no trabalho que criam conflitos para mim.	3	2	1	0
4. Minha situação não está clara, se meu trabalho é ou não respeitado por meus supervisores.	3	2	1	0
5. Há pessoas demais mandando em mim.	3	2	1	0
6. Estou pressionado pelas cobranças feitas por clientes/consumidores.	3	2	1	0
7. Tenho contato demasiado ou insuficiente com outras pessoas.	3	2	1	0
Total E				

Anexo: Ferramentas de Avaliação

Parte 2: Saúde Pessoal e Resistência

AVALIAÇÃO Nº 4   *Referente ao Capítulo 1*

PADRÕES NEGATIVOS DE PENSAMENTO

As afirmações a seguir refletem algumas atitudes genéricas e modos de pensar capazes de agravar ou gerar o estresse e a frustração.

A. Autocrítica e Insegurança	Concordo Totalmente	Concordo	Não Concordo	Discordo Totalmente
1. Geralmente critico meu próprio desempenho.	3	2	1	0
2. Faço cobranças a mim mesmo que não faria a outras pessoas.	3	2	1	0
3. Sempre penso que o que faço nunca é o suficiente.	3	2	1	0
4. Espero que as outras pessoas vão criticar meu trabalho.	3	2	1	0
5. Fico muito aborrecido comigo mesmo quando as coisas não acontecem da maneira que eu esperava.	3	2	1	0
6. Quanto tenho êxito, acho que não mereci.	3	2	1	0
7. Não penso muito em mim.	3	2	1	0
8. Quando surge alguma dificuldade, só consigo pensar em coisas ruins.	3	2	1	0
9. Freqüentemente me acho em situações desagradáveis, que sou incapaz de modificar.	3	2	1	0
10. Sempre encontro problemas que não consigo resolver.	3	2	1	0
11. Considero que não exerço muito controle sobre os acontecimentos em minha vida.	3	2	1	0
12. As idéias ansiosas e desagradáveis desviam minha atenção quando estou executando uma tarefa.	3	2	1	0
Total A				

B. Expectativas Negativas	Concordo Totalmente	Concordo	Não Concordo	Discordo Totalmente
1. Acho difícil esperar o melhor.	3	2	1	0
2. Espero o pior.	3	2	1	0
3. As pessoas raramente me ajudam.	3	2	1	0
4. Acho difícil ver o lado bom das coisas.	3	2	1	0
5. Sou uma pessoa naturalmente triste.	3	2	1	0
6. Tenho me frustrado constantemente com os maus episódios de minha vida.	3	2	1	0
7. Minha vida é vazia e sem significado.	3	2	1	0
8. O futuro provavelmente não será tão bom quanto agora.	3	2	1	0
9. Sempre pareço ficar com a pior parte das coisas.	3	2	1	0
10. Um bom futuro é, em grande parte, uma questão de sorte.	3	2	1	0
11. Quando as coisas não são feitas do meu jeito, geralmente sinto que é inútil modificá-las.	3	2	1	0
12. Poucas coisas na vida são justas ou imparciais.	3	2	1	0
Total B				

AVALIAÇÃO Nº 5   *Referente ao Capítulo 2*

DIFICULDADES DE COMBATE

Os métodos de combate às situações estressantes conduzem à dificuldade quando utilizados em demasia. Circule os números que mais correspondem ao seu modo freqüente de agir em situações estressantes.

	Quase Sempre	Às Vezes	Raramente	Nunca
A. Fuga				
1. Evito os desafios ou situações novas.	3	2	1	0
2. Sou cauteloso e evito me arriscar.	3	2	1	0
3. Tento esquecer as tarefas difíceis que surgem diante de mim.	3	2	1	0
4. Considero difícil planejar o futuro e prever dificuldades.	3	2	1	0
5. Acho difícil me envolver no que estou executando.	3	2	1	0
6. Descubro tarefas mais simples para evitar as importantes.	3	2	1	0
7. Esqueço o que tenho que fazer.	3	2	1	0
8. Não me deixo envolver emocionalmente nas coisas.	3	2	1	0
9. Caio no sono quando as coisas estão difíceis.	3	2	1	0
Total A				
B. Incapacidade				
1. A maior parte de meu estresse é imprevisível.	3	2	1	0
2. Não importa o quanto eu me esforce, nunca consigo o que desejo.	3	2	1	0
3. Não sou capaz de dar o que desejo às pessoas próximas a mim.	3	2	1	0
4. Encontro-me sempre em situações em que me sinto incapaz de fazer alguma coisa.	3	2	1	0
5. Sempre me envolvo com problemas que não consigo solucionar.	3	2	1	0
Total B				

C. Internalização	Quase Sempre	Às Vezes	Raramente	Nunca
1. Guardo os sentimentos para mim mesmo.	3	2	1	0
2. Quando estou aborrecido, tendo a guardar e sofrer em silêncio.	3	2	1	0
3. Não deixo que ninguém saiba que estou sob pressão	3	2	1	0
4. Tento me proteger da tensão e do estresse.	3	2	1	0
5. Não gosto de discordar das pessoas.	3	2	1	0
6. Quando estou aborrecido, evito as pessoas e fico sozinho.	3	2	1	0
7. Guardo dentro de mim a raiva e a frustração.	3	2	1	0
Total C				

D. Explosões Emocionais				
1. Quando estou aborrecido, culpo outra pessoa.	3	2	1	0
2. Explodo e desabafo.	3	2	1	0
3. Considero que fico irritado com facilidade.	3	2	1	0
4. Choro, desmorono emocionalmente e perco o controle.	3	2	1	0
5. Considero-me uma pessoa brava.	3	2	1	0
Total D				

E. Excesso de Controle				
1. Nunca chego tarde a meus compromissos.	3	2	1	0
2. Estou sempre com pressa.	3	2	1	0
3. Fico impaciente se tenho que esperar.	3	2	1	0
4. Tento fazer tudo sozinho.	3	2	1	0
5. Não tenho tempo para hobbies ou interesses externos.	3	2	1	0
6. Preocupo-me com as coisas antes de fazê-las.	3	2	1	0
7. Quase nunca tenho tempo para mim.	3	2	1	0
8. Sempre coloco os interesses das outras pessoas em primeiro lugar.	3	2	1	0
9. As outras pessoas permitem que eu goste delas.	3	2	1	0
10. Não obtenho muita satisfação com minhas conquistas.	3	2	1	0
11. Nunca há tempo suficiente para fazer as coisas.	3	2	1	0
12. Não consigo iniciar um projeto sem vislumbrar outro.	3	2	1	0
Total E				

Anexo: Ferramentas de Avaliação

F. Tipo A de Comportamento	Quase Sempre	Às Vezes	Raramente	Nunca
1. Tento chegar na hora em todos os compromissos.	3	2	1	0
2. Acho difícil encontrar tempo para incumbências pessoais.	3	2	1	0
3. Enfrento situações irritantes e frustrantes.	3	2	1	0
4. Como velozmente e termino as refeições antes das outras pessoas.	3	2	1	0
5. Surpreendo-me fazendo várias coisas ao mesmo tempo.	3	2	1	0
6. Entrego-me totalmente a meu trabalho.	3	2	1	0
7. Gosto de ser o melhor em tudo o que faço.	3	2	1	0
8. Fico impaciente quando alguém demora muito para fazer algo que posso fazer com mais rapidez.	3	2	1	0
9. Tenho tendência a esconder meus sentimentos.	3	2	1	0
10. Sou muito ambicioso.	3	2	1	0
11. Tenho poucos interesses fora do trabalho.	3	2	1	0
12. Desejo que meu valor seja reconhecido pelas pessoas a meu redor.	3	2	1	0
13. Tenho pressa mesmo quando tenho tempo suficiente.	3	2	1	0
14. Estabeleço prazos para mim mesmo.	3	2	1	0
15. Quando estou cansado, forço-me a finalizar a tarefa.	3	2	1	0
16. Sou uma pessoa difícil de lidar e competitiva.	3	2	1	0
17. Sou minucioso nos detalhes.	3	2	1	0
18. Penso na nova tarefa antecipadamente.	3	2	1	0
19. Fico nervoso quando a situação foge ao meu controle.	3	2	1	0
20. Permito que outras pessoas estabeleçam padrões para mim.	3	2	1	0
Total F				

AVALIAÇÃO Nº 6   *Referente ao Capítulo 2*

COMBATE ATIVO

Este exercício avalia seu nível de utilização de técnicas de combate ativo. Em cada afirmativa, circule o número que indica a freqüência com que você emprega este tipo de comportamento ao surgir um problema

	Quase Sempre	Às Vezes	Raramente	Nunca
A. Busca de Apoio				
1. Encontra uma pessoa a quem delegar a tarefa.	3	2	1	0
2. Compartilha-a com alguém.	3	2	1	0
3. Comenta com outras pessoas e compartilha sentimentos.	3	2	1	0
4. Colhe informações de outras pessoas.	3	2	1	0
5. Tenta achar alguém que saiba como lidar com a situação.	3	2	1	0
6. Comenta com alguém em quem confio.	3	2	1	0
7. Pede conselhos e o apoio dos amigos.	3	2	1	0
8. Debate o assunto com um advogado ou médico.	3	2	1	0
9. Compartilha o assunto com a família.	3	2	1	0
Total A				
B. Distração/Liberação de Tensão				
1. Resolve que não vale a pena se preocupar.	3	2	1	0
2. Pratica exercícios de relaxamento.	3	2	1	0
3. Pratica exercícios físicos ativos.	3	2	1	0
4. Vê o lado engraçado do problema.	3	2	1	0
5. Afasta-se do problema durante algum tempo para ganhar perspectiva.	3	2	1	0
6. Premia ou compensa a si mesmo quando terminar.	3	2	1	0
7. Resolve que este problema, na verdade, não é seu.	3	2	1	0
Total B				

C. Ação Direta	Quase Sempre	Às Vezes	Raramente	Nunca
1. Toma extremo cuidado para realizar um bom trabalho.	3	2	1	0
2. Termina o trabalho rapidamente.	3	2	1	0
3. Realiza o melhor trabalho possível diante das circunstâncias.	3	2	1	0
4. Reflete e tenta modificar seu ponto de vista ou forma de ver a situação.	3	2	1	0
5. Coloca-a em seu lugar, não permite que ela o oprima.	3	2	1	0
6. Prevê e planeja com antecedência para vencer os desafios.	3	2	1	0
7. Possui muitos planos alternativos.	3	2	1	0
8. Permite que as pessoas conheçam os sentimentos de raiva ou desconforto.	3	2	1	0
9. Permite que as pessoas saibam que a tarefa é grande demais ou você está muito ocupado.	3	2	1	0
10. Negocia para que a tarefa seja mais realizável.	3	2	1	0
Total C				

AVALIAÇÃO Nº 7   *Referente ao Capítulo 3*

REDES DE APOIO

Este exercício avalia a qualidade e o nível de apoio que as três maiores redes de sua vida oferecem: família, amigos e trabalho. Após cada afirmativa, circule o número que melhor descreve o quanto ela é verdadeira para você e como você está se sentindo.

A. Apoio da Família (ou amigos íntimos)	Totalmente Verdadeiro	Relativamente Verdadeiro	Pouco Verdadeiro	Falso
1. Meu familiares (ou amigos íntimos) me escutam quando preciso.	3	2	1	0
2. Meus familiares (ou amigos íntimos) compreendem quando estou aborrecido e falam comigo.	3	2	1	0
3. Sinto-me querido e amado por minha família.	3	2	1	0
4. Minha família permite que eu faça coisas novas e introduza mudanças em minha vida.	3	2	1	0
5. Meu cônjuge (ou parceiro) aceita minha sexualidade.	3	2	1	0
6. Minha família dá a mim na mesma medida em que eu dou a eles.	3	2	1	0
7. Minha família demonstra carinho e afeição por mim e corresponde a todos os meus sentimentos, assim como minha raiva, mágoa e amor.	3	2	1	0
8. A qualidade de tempo que passo com minha família é elevada.	3	2	1	0
9. Sinto-me próximo e em contato com minha família.	3	2	1	0
10. Sou capaz de oferecer o que gostaria à minha família.	3	2	1	0
11. Sinto-me importante para meus familiares.	3	2	1	0
12. Sinto que sou honesto com meus familiares e que eles são honestos comigo.	3	2	1	0
13. Posso pedir ajuda a meus familiares quando preciso.	3	2	1	0
Total A				

B. Apoio dos Amigos	Totalemente Verdadeiro	Relativamente Verdadeiro	Pouco Verdadeiro	Falso
1. Geralmente coloco as necessidades alheias na frente das minhas.	3	2	1	0
2. Sinto que dou mais do que recebo das pessoas.	3	2	1	0
3. Acho difícil compartilhar os sentimentos com as outras pessoas.	3	2	1	0
4. Não consigo dar o que gostaria às pessoas.	3	2	1	0
5. Não me sinto estimado ou valorizado pelas pessoas que me rodeiam.	3	2	1	0
6. Geralmente não consigo encontrar pessoas que me façam companhia quando desejo.	3	2	1	0
7. Estou sempre solitário e só.	3	2	1	0
8. Acho difícil pedir o que desejo.	3	2	1	0
9. Geralmente não me sinto próximo às pessoas.	3	2	1	0
10. Existem poucas pessoas com quem posso contar.	3	2	1	0
11. Poucas pessoas me conhecem bem.	3	2	1	0
12. As pessoas não parecem estar interessadas em me conhecer.	3	2	1	0
13. Tendo a ocultar minha sexualidade ou me sinto em dúvida em relação a ela.	3	2	1	0
14. Acho difícil tocar as pessoas.	3	2	1	0
15. As pessoas raramente me tocam ou abraçam.	3	2	1	0
16. Acho difícil pedir ajuda às pessoas.	3	2	1	0
17. Estou sempre fazendo algo para as pessoas.	3	2	1	0
18. As pessoas raramente me ajudam.	3	2	1	0
19. No final das contas, sinto que estou totalmente sozinho.	3	2	1	0
20. Tenho poucos amigos ou pessoas próximas a mim.	3	2	1	0
21. Não gosto de passar tempo com outras pessoas.	3	2	1	0
22. Sinto-me distanciado e à parte das pessoas.	3	2	1	0
23. Não espero muito das pessoas.	3	2	1	0
Total B				

C. Apoio no Trabalho	Totalemente Verdadeiro	Relativamente Verdadeiro	Pouco Verdadeiro	Falso
1. Quando tenho um problema, existem colegas a quem posso recorrer.	3	2	1	0
2. As pessoas à minha volta se preocupam comigo como pessoa.	3	2	1	0
3. Sinto que posso fazer perguntas e negociar minhas tarefas com meus supervisores.	3	2	1	0
4. Está bem claro o que tenho que fazer e o que as pessoas esperam de mim.	3	2	1	0
5. Não costumo temer que os colegas me critiquem pelas costas.	3	2	1	0
6. As pessoas no trabalho estão mais preocupadas com o trabalho do que competindo entre si.	3	2	1	0
7. Existem pessoas com quem sempre falo informalmente.	3	2	1	0
8. Sinto que minhas habilidades são valorizadas pelas pessoas no trabalho.	3	2	1	0
9. As informações são livremente compartilhadas pelas pessoas que precisam saber delas.	3	2	1	0
10. Quando não posso fazer algo sozinho, posso levar o problema a outros e pedir ajuda.	3	2	1	0
11. Posso pedir assistência e ajuda aos superiores.	3	2	1	0
12. O clima em meu ambiente de trabalho é prazeroso e confortável.	3	2	1	0
13. Quando as pessoas estão aborrecidas com algo no trabalho, geralmente comentam a respeito.	3	2	1	0
14. O trabalho é, em muitos aspectos, prazeroso e agradável.	3	2	1	0
15. As pessoas recebem o que necessitam para realizarem as tarefas que receberam.	3	2	1	0
16. Conto com saídas para me auxiliarem nas frustrações e irritações de meu trabalho.	3	2	1	0
Total C				

AVALIAÇÃO Nº 8 *Referente ao Capítulo 4*

SIGNIFICADO E PROPÓSITO DE VIDA

Este exercício examina como você aborda a vida e como vê seu futuro, o significado de sua vida, trabalho e relacionamentos.

	Concordo Totalmente	Concordo	Discordo	Discordo Totalmente
1. Não estou envolvido com meu trabalho.	3	2	1	0
2. Meu trabalho não é muito importante nem satisfatório para mim.	3	2	1	0
3. Meu trabalho é repetitivo e tedioso.	3	2	1	0
4. Existem poucos desafios e tarefas criativas em meu trabalho.	3	2	1	0
5. Não me sinto muito envolvido com minha família.	3	2	1	0
6. Minha vida familiar não é muito satisfatória nem faz muito sentido para mim.	3	2	1	0
7. Estou entediado e desinteressado com minha vida familiar.	3	2	1	0
8. Minha vida raramente é desafiadora e interessante.	3	2	1	0
9. Nada mais é novo ou imprevisível em minha vida.				
10. Minha vida não tem um motivo ou meta central.				
11. Minha vida não parece preencher diversas das minhas necessidades mais profundas.				
12. Minha vida está repleta de fardos e responsabilidades.				
13. Não há muito a esperar em minha vida.				
14. Não sinto que exista alguma força superior ou propósito motivador evidente na humanidade.				
15. Não sinto que alcancei meu potencial ou vivi de maneira tão criativa ou bem-sucedida quanto poderia ter vivido.				
Total				

Parte 3:
Estilo Pessoal de Gestão do Estresse

AVALIAÇÃO Nº 9   *Referente ao Capítulo 4*

LISTA DE VERIFICAÇÃO DO BEM-ESTAR PESSOAL

Para avaliar seu grau de bem-estar, verifique com que freqüência cada uma das afirmativas a seguir é válida para você.

	Quase Sempre	Freqüentemente	Às Vezes	Raramente
1. Acordo todo dia me sentindo renovado e energizado.	3	2	1	0
2. Sinto que posso conseguir o que desejo da vida.	3	2	1	0
3. Aprecio meu relacionamento familiar.	3	2	1	0
4. Sei que outras pessoas se importam comigo.	3	2	1	0
5. Meu corpo é flexível e cheio de energia.	3	2	1	0
6. Gosto de exercícios regulares.	3	2	1	0
7. Ingiro refeições nutritivas e bem balanceadas.	3	2	1	0
8. Tenho amigos bons e confiáveis.	3	2	1	0
9. Há pessoas nas quais posso confiar.	3	2	1	0
10. Gosto da maneira com que minha vida está se conduzindo.	3	2	1	0
11. Estou trabalhando para atingir minhas metas de vida.	3	2	1	0
12. Sou capaz de administrar o estresse em minha vida.	3	2	1	0
13. Estou envolvido em meu trabalho e o considero significativo.	3	2	1	0
14. Não fumo.	3	2	1	0
15. Evito o uso abusivo de álcool e drogas.	3	2	1	0
16. Sei como me divertir.	3	2	1	0
17. Meu corpo é fonte de prazer para mim.	3	2	1	0
18. Tomo cuidado com meus dentes e com o resto do corpo.	3	2	1	0
19. Expresso minha individualidade criativa e espiritual.	3	2	1	0
20. Sei que posso obter o que preciso das outras pessoas.	3	2	1	0
Total				

AVALIAÇÃO Nº 10 *Referente ao Capítulo 5*

SINTOMAS DO ESTRESSE

Verifique com que freqüência você sentiu cada um dos sintomas de angústia a seguir ao longo do último mês.

	Quase Todos os Dias	Toda Semana	Uma ou Duas Vezes	Nunca
1. Tensão muscular.	3	2	1	0
2. Dores nas costas.	3	2	1	0
3. Dores de cabeça.	3	2	1	0
4. Ranger de dentes.	3	2	1	0
5. Dor de estômago ou enjôo.	3	2	1	0
6. Azia.	3	2	1	0
7. Vômito.	3	2	1	0
8. Diarréia.	3	2	1	0
9. Constipação.	3	2	1	0
10. Dores abdominais.	3	2	1	0
11. Resfriados, alergias.	3	2	1	0
12. Dores no peito.	3	2	1	0
13. *Rash* cutâneo.	3	2	1	0
14. Boca seca.	3	2	1	0
15. Laringite.	3	2	1	0
16. Palpitações.	3	2	1	0
17. Tremores ou estremecimento.	3	2	1	0
18. Contrações ou tiques.	3	2	1	0
19. Tonteiras.	3	2	1	0
20. Nervosismo.	3	2	1	0
21. Ansiedade.	3	2	1	0
22. Tensão e medo.	3	2	1	0
23. Sentimentos represados.	3	2	1	0
24. Preocupação.	3	2	1	0

	Quase Todos os Dias	Toda Semana	Uma ou Duas Vezes	Nunca
25. Incapacidade de ficar parado.	3	2	1	0
26. Medo de alguns objetos, fobias.	3	2	1	0
27. Fadiga.	3	2	1	0
28. Baixa energia.	3	2	1	0
29. Apatia – nada parece ser importante.	3	2	1	0
30. Depressão.	3	2	1	0
31. Medo.	3	2	1	0
32. Insegurança.	3	2	1	0
33. Choro fácil.	3	2	1	0
34. Severa autocrítica.	3	2	1	0
35. Frustração.	3	2	1	0
36. Insônia.	3	2	1	0
37. Dificuldade em acordar.	3	2	1	0
38. Pesadelos.	3	2	1	0
39. Acidentes ou ferimentos.	3	2	1	0
40. Dificuldade de concentração	3	2	1	0
41. Ausências de memória.	3	2	1	0
42. Esquecimento de informações importantes.	3	2	1	0
43. Não conseguir evitar determinados pensamentos.	3	2	1	0
44. Perda do apetite.	3	2	1	0
45. Compulsão em comer, fome excessiva.	3	2	1	0
46. Sem tempo para comer.	3	2	1	0
47. Assoberbado de trabalho.	3	2	1	0
48. Sem tempo para relaxar.	3	2	1	0
49. Incapaz de honrar compromissos ou realizar tarefas.	3	2	1	0
50. Renúncia a relacionamentos.	3	2	1	0
51. Sentimento de vítima, de que se aproveitaram de você.	3	2	1	0
52. Perda do interesse sexual ou do prazer.	3	2	1	0
			Total	

AVALIAÇÃO Nº 11 *Referente ao Capítulo 5*

ATIVIDADES GERENCIADORAS DO ESTRESSE

Indique quanto tempo no último mês você utilizou cada uma das seguintes atividades para combater sua tensão diária.

	Quase Todos os Dias	Toda Semana	Uma ou Duas vezes	Nunca
1. Fumar.	3	2	1	0
2. Beber bebidas alcoólicas.	3	2	1	0
3. Comer demais.	3	2	1	0
4. Dormir.	3	2	1	0
5. Ver televisão.	3	2	1	0
6. Desavenças com familiares.	3	2	1	0
7. Explosões emocionais de raiva.	3	2	1	0
8. Tranqüilizantes.	3	2	1	0
9. Aspirinas e outros analgésicos.	3	2	1	0
10. Remédios prescritos.	3	2	1	0
11. Maconha, cocaína etc.	3	2	1	0
12. Ignorar ou negar os sintomas do estresse.	3	2	1	0
13. Afastamento das pessoas.	3	2	1	0
14. Criticar, ridicularizar ou culpar outras pessoas.	3	2	1	0
15. Criar relações pessoais ou sexuais conflitadas.	3	2	1	0
Total				

Resumo

PARTE 1 – Pressão Externa

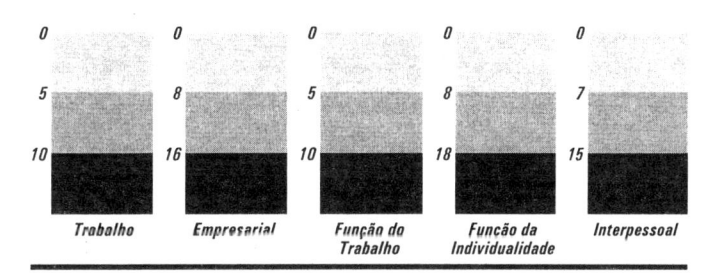

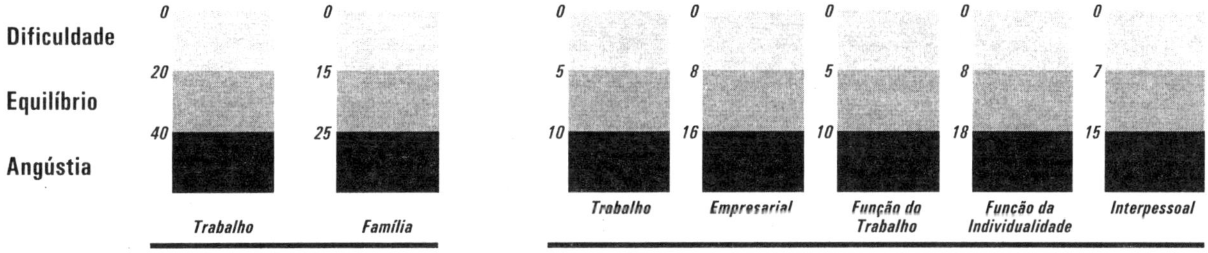

Avaliação 1: Estresse Ambiental

	Dificuldade	Equilíbrio	Angústia
Trabalho	0	20	40
Família	0	15	25

Avaliação 2: Estresse no Trabalho

	Dificuldade	Equilíbrio	Angústia
Trabalho	0	5	10
Empresarial	0	8	16
Função do Trabalho	0	5	10
Função da Individualidade	0	8	18
Interpessoal	0	7	15

PARTE 2 – Estilo Pessoal de Gestão do Estresse

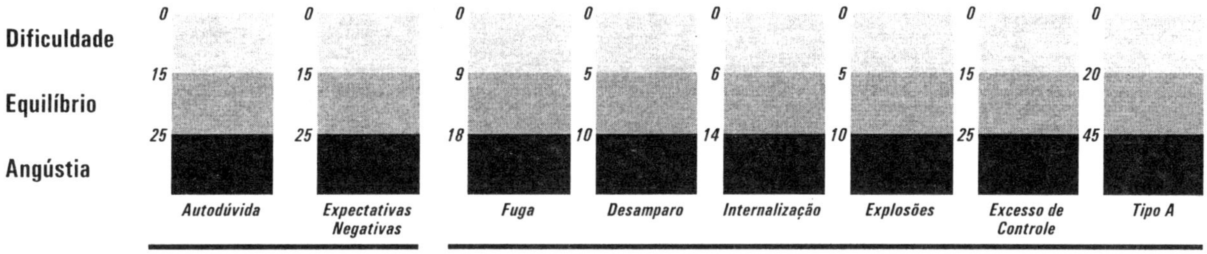

Avaliação 4: Padrões de Pensamento Negativo

	Dificuldade	Equilíbrio	Angústia
Autodúvida	0	15	25
Expectativas Negativas	0	15	25

Avaliação 5: Dificuldades de Combate

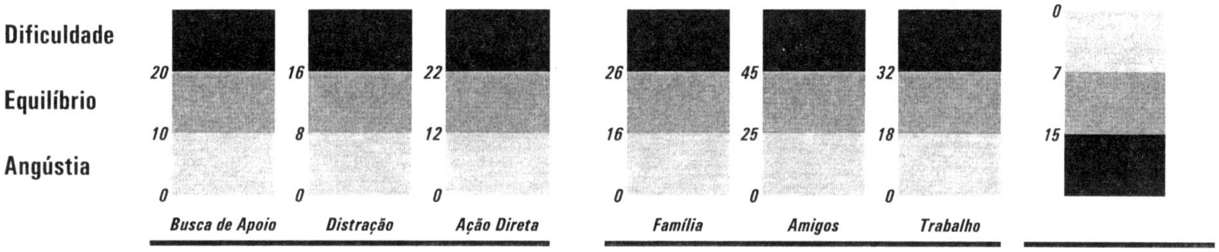

	Dificuldade	Equilíbrio	Angústia
Fuga	0	9	18
Desamparo	0	5	10
Internalização	0	6	14
Explosões	0	5	10
Excesso de Controle	0	15	25
Tipo A	0	20	45

Avaliação 6: Combate Ativo

	Dificuldade	Equilíbrio	Angústia
Busca de Apoio	20	10	0
Distração	16	8	0
Ação Direta	22	12	0

Avaliação 7: Redes de Apoio

	Dificuldade	Equilíbrio	Angústia
Família	26	16	0
Amigos	45	25	0
Trabalho	32	18	0

Avaliação 8: Significado e Propósito da Vida

Dificuldade	Equilíbrio	Angústia
0	7	15

PARTE 3 – Saúde Pessoal e Resistência

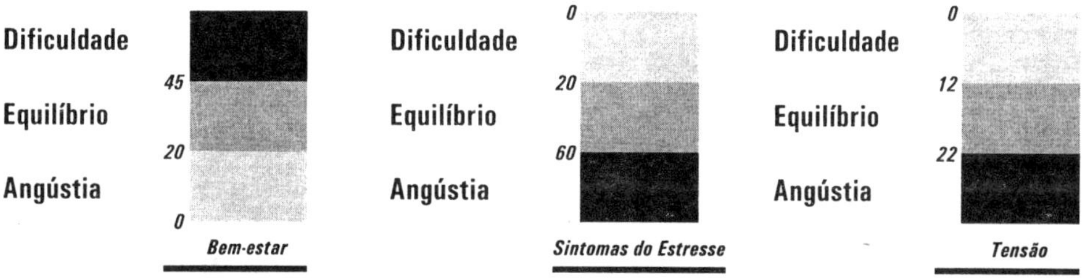

Avaliação 9

	Dificuldade	Equilíbrio	Angústia
Bem-estar	45	20	0

Avaliação 10

	Dificuldade	Equilíbrio	Angústia
Sintomas do Estresse	0	20	60

Avaliação 11

	Dificuldade	Equilíbrio	Angústia
Tensão	0	12	22

Anexo: Ferramentas de Avaliação

Sobre os Autores

Os Drs. Cynthia Scott e Dennis T. Jaffe são os sócios mais antigos da HeartWork, Inc., uma firma de design empresarial sediada em São Francisco. A empresa oferece consultoria nas áreas de programas – treinamento e princípios fundamentais para apresentações – visando a assistir empresas no desenvolvimento de uma força de trabalho fortalecida.

A Dra. Scott obteve seu Ph.D em Psicologia Clínica pelo Fielding Institute. Ela é autora de nove best-sellers. O Dr. Jaffe detém um Ph.D da Universidade de Yale e já escreveu doze livros. Juntos, os dois já escreveram diversos livros sobre gerenciamento, incluindo-se *Managing Organizational Change* (Gerenciando Mudanças Organizacionais), *Empowerment*, e *Organizational Vision, Values and Mission* (Visão Empresarial, Valores e Missão).

Outros Títulos Sugeridos

Atitude
O Mais Valioso de Todos os Seus Bens

Autor: Elwood N. Chapman

Uma atitude positiva pode melhorar a energia, canalizar o raciocínio, ajudar no processo criativo e a ampliar o leque de perspectivas. O livro mostra que agir positivamente cria um estado de espírito vibrante, preparado para enfrentar grandes problemas; ao passo que uma atitude negativa é capaz de apagar pessoas que, em princípio, teriam tudo para se destacar. O autor lembra ainda que o bom desempenho profissional depende mais da atitude do indivíduo do que de sua qualificação técnica. Compreenda e ajuste sua atitude, trabalhando sua imagem e definindo objetivos e missões, ajudado por mais este livro da série Crisp – 50 minutos.

Páginas: 88
Formato: 20,5 x 25,5 cm

Outros Títulos Sugeridos

Empowerment
Um Guia Prático para o Sucesso

Autores: Cynthia D. Scott e Dennis T. Jaffe.

Neste livro, você vai entender o processo de criação das organizações através do *empowerment*, aumentando a competitividade e a lucratividade e, ao mesmo tempo, desenvolvendo e realçando o valor da contribuição das pessoas na sua empresa, grupo ou equipe de trabalho. *Empowerment* visa também ajudar gerentes e gestores de negócios em geral a entender e liderar pessoas, partindo do princípio de que um novo ambiente de trabalho deve ser criado e, fundamentalmente, mantido. Trilhe seu caminho rumo ao *empowerment*, estabelecendo uma liderança facilitadora e influenciando a mudança organizacional ajudado por mais este livro da série Crisp – 50 minutos.

Páginas: 104
Formato: 16 x 23 cm

Outros Títulos Sugeridos

Mentoring
Como Desenvolver o Comportamento Bem-Sucedido do Mentor

Autor: Gordon F. Shea

Inovador no formato e na proposta, este não é um livro para ler, mas para usar. O assunto é apresentado de forma objetiva e através de muitos exemplos práticos, para envolver o leitor e fazê-lo refletir sobre seu próprio comportamento e seu potencial para atuar como mentor.

Gordon Shea mostra como qualquer um é capaz de auxiliar o desenvolvimento de outra pessoa; sugere os tipos de comportamento que o mentor deve adotar ou evitar; explica como o *mentoring* ocorre hoje no ambiente de trabalho, dentre muitas outras lições. Domine a arte do *mentoring*, estabeleça comportamentos positivos e a serem evitados e avalie os ganhos da aplicação prática do *mentoring* ajudado por mais este livro da série Crisp – 50 minutos.

Páginas: 104
Formato: 20,5 x 25,5 cm

Entre em sintonia com o mundo

QualityPhone:

0800-263311

Ligação gratuita

Qualitymark Editora
Rua Teixeira Júnior, 441 - São Cristóvão
20921-400 - Rio de Janeiro - RJ
Tel.: (0xx21) 3860-8422
Fax: (0xx21) 3860-8424

www.qualitymark.com.br
e-mail: quality@qualitymark.com.br

Dados Técnicos:

• **Formato:**	20,5×25,5cm
• **Mancha:**	16,5×21,5cm
• **Fontes Títulos:**	Lucian/Bedrock
• **Fontes Texto:**	Univers Cond/Garamond
• **Corpo:**	11,5
• **Entrelinha:**	13,5
• **Total de Páginas:**	196

Este livro foi impresso nas oficinas gráficas da
Editora Vozes Ltda.,
Rua Frei Luís, 100 — Petrópolis, RJ,
com filmes e papel fornecidos pelo editor.